MIS ENLACES Y YO:

GUÍA PRÁCTICA PARA AFILIADOS DE AMAZON

U

I.S.B.N.: 978-84-16823-17-8
Editado por:

unoeditorial.com
info@unoeditorial.com

MIS ENLACES Y YO:

GUÍA PRÁCTICA PARA AFILIADOS DE AMAZON

Jose María Ávila Román

U

ÍNDICE

I. ANTES DE EMPEZAR

II. LOS ENLACES DE AFILIADO

III. TU CONTENIDO

IV. EL CATÁLOGO

V. CÓMO FUNCIONA AMAZON (POR DENTRO)

VI. CONOCIMIENTO Y HERRAMIENTAS

PRESENTACIÓN

Mi nombre es José María Ávila. Me dedico al marketing online desde el año 2004, y desde entonces he trabajado en todas las áreas y disciplinas de este negocio, habidas y por haber. Me especializo en marketing de afiliación a partir del año 2013, fecha en que pongo en marcha un proyecto propio: ComprarMiCafetera.com.

La web, financiada casi al completo con la plataforma de afiliados de Amazon España, funcionó muy bien y se convirtió en un caso de éxito desde que comencé a compartir mi historia y mis métodos en diversas comunidades de referencia en el mundo de los negocios online. El proyecto sigue creciendo en el momento de elaborar esta guía.

Fruto de esta respuesta, y de todas las horas de trabajo que la web lleva consumidas, nace esta obra con la esperanza de que mi experiencia y mis errores sirvan de inspiración, tal como a mí me sirvieron los de otros profesionales.

Si estás leyendo esto es porque ya ganas algún dinero en Internet, pero necesitas dar un impulso a tu negocio, o porque estás pensando en iniciar un proyecto online y has leído en mil sitios acerca de las bondades del marketing de afiliación. *Solo* te falta saber cómo ponerlo en práctica y cuál es la barrera real que separa los proyectos de éxito (muy pocos) de los que se quedan por el camino (la mayoría). Cuando me preguntan sobre esto, yo siempre respondo lo mismo: la diferencia no está en el conocimiento, como muchos creen, sino en la **perseverancia**. No es fácil destacar, porque no todo el mundo está dispuesto a pagar el precio para hacerlo. Y este precio se llama tiempo.

La fórmula de monetización que empleo, cuyos detalles reflejo en esta guía, es una vía **lenta**. No le servirá a quien pretenda ganar mucho dinero en pocos meses. Es lenta porque necesita **construir una audiencia**. Si ya tienes audiencia, y crees que puedes monetizarla mediante esta fórmula u otras técnicas de afiliación, entonces perfecto. Pero en mi caso construyo la audiencia comenzando desde cero, y eso lleva tiempo. De nada sirve una buena monetización sin audiencia, ni una gran audiencia sin monetización. Es lenta porque se necesita **analizar la audiencia para** ofrecerle exactamente lo que necesita. Y es lenta porque hace falta tiempo para **construir estos contenidos** y amoldarlos a nuestros propósitos.

Existen varios caminos para convertir una idea en un negocio online de éxito. Yo cuento el mío, que no es sino uno de tantos. Quiero dejarlo claro desde el principio, porque algunos de los consejos que vas a leer a continuación deben entenderse desde esta perspectiva. El resto, no obstante, pueden ser igualmente válidos para cualquier otro método de promoción de afiliados, o incluso para cualquier otro modelo de negocio online. ComprarMiCafetera.com es una web de referencia y de consulta, hecha para informar y para dar respuesta a un determinado grupo de consumidores, que se financia gracias al marketing de afiliación. No es una tienda online, no es una web de afiliados pensada para hacer dinero rápido, no es una red de blogs automonetizable, no es una fuente de ingresos pasivos. Es un producto complejo que requiere mimos y atención diaria.

¿Y por qué 89 apartados en la obra? ¿Por qué no 100 u otro número redondo?

Bueno, hubiera sido relativamente sencillo *estirar el chicle* y amasar de manera artificial los contenidos para conseguir un número de apartados más llamativo. Pero no ha sido nunca mi intención. Tampoco he querido meter paja ni contar cosas irrelevantes por el mero hecho de cuadrar una cifra. Me he limitado a compartir todas las experiencias y el contenido útil que conozco, ni más ni menos.

De igual modo, he intentado ser exhaustivo en la exposición, y no dejarme nada valioso en el tintero. Esto implica que algunos puntos resultarán muy básicos y cualquier profesional iniciado los conocerá de sobra. Era necesario incluirlos para que la guía fuese completa.

El conjunto se ha dividido en seis grandes bloques o capítulos, agrupados por temática, para facilitar la lectura y la comprensión de todos los apartados.

RENUNCIA DE RESPONSABILIDAD

Este no es un libro mágico ni un tratado secreto para ganar una fortuna sin esfuerzo. En él solo cuento lo que yo hago, opino desde mi experiencia, y divulgo las técnicas que a mí me funcionan o me han funcionado en un momento y circunstancias determinadas. Muchas de las pautas incluidas en este texto quedarán obsoletas en algún momento, o habrá que revisarlas dentro de pocos años.

No hay garantías de que ninguno de los consejos expuestos en esta guía sea efectivo en otro entorno distinto del que maneja el autor. El lector que decida aplicarlos lo hará bajo su propia responsabilidad y bajo su propio riesgo.

Al orientar sobre negocios online, no podemos cometer el error de darle a la gente el manido mensaje de *"si quieres, puedes"*. Nada más lejos de la realidad. Por desgracia, aquí no basta con querer. También hay que competir, hay que planificar, hay que formarse, hay que especializarse en varias disciplinas, hay que tener constancia, hay que mirar a largo plazo... hay que conjugar muchos verbos. Y ninguno de ellos garantiza el éxito por sí solo.

Por todo ello, esta lectura debes tomártela, por encima de todo, como inspiración. Si alguno de los apartados te sirve de ayuda para tu proyecto, perfecto. Si no, al menos habrás aprendido algo por el camino.

CONSIDERACIONES LEGALES

- El autor no posee ninguna relación con Amazon EU ni con Amazon España, más allá de formar parte de su programa de afiliados.

- El autor no actúa en nombre de Amazon EU ni de Amazon España.

- La presente obra tiene en cuenta las disposiciones legales del Acuerdo Operativo del programa de afiliados de Amazon España vigentes con fecha de junio de 2016.

- El autor no se hace responsable de los cambios que puedan producirse en el Acuerdo Operativo del programa de afiliados de Amazon España con posterioridad a la fecha de redacción y edición de esta obra, ni de las consecuencias que dichos cambios puedan tener sobre el contenido de la obra.

I. ANTES DE EMPEZAR

Abordamos los aspectos básicos que hay que tener en cuenta, algunas dudas razonables, y las primeras decisiones a las que se enfrenta un afiliado al comenzar su proyecto online.

1. SER PROFESIONAL

-Ya está aquí el iluminado con sus perogrulladas.

Pues sí, amigos. Hay que empezar por el principio. Una cosa es hacer una web de afiliados pensada y ejecutada para ganar dinero, y otra cosa es *"tengo un blog donde hablo de todo un poco, y de vez en cuando le meto un enlace de Amazon a ver si cae algo"*.

Lo primero se llama marketing de afiliación, y lo practican los profesionales. Lo segundo no sirve para nada.

Si queremos iniciarnos en esta clase de negocios hay que tener **miras altas y mentalidad profesional**. Hay mucha gente compitiendo por el mismo pastel, y el conocimiento cada vez resulta más accesible. El negocio en Internet es complejo y son literalmente cientos los detalles que influyen en el éxito o en el fracaso de una web de este tipo.

Meter un enlace de Amazon de vez en cuando *"por probar"*, o *"voy a hacer una web de afiliación y escribo un artículo cada dos semanas"* son dos casos de ejemplo que deberían abandonar la lectura de esta guía ahora mismo, y dedicar un tiempo a replantearse sus objetivos en la senda del marketing online. Por eso he decidido situar este apartado como punto de partida de la obra.

Si quieres ir en serio en esto, entonces sí. Sigue leyendo.

2. ENTENDER CONCEPTOS:
UN AFILIADO ONLINE NO ES UN COMERCIAL

Tu papel como afiliado de Amazon no es convencer a la gente de que compre algo. Esa es la misión de Amazon, y créeme que lo hace mejor que nadie. Un afiliado no es un comercial: es un **captador de audiencias**.

Tu misión debería ser **identificar a los usuarios que ya están interesados en hacer una compra**, y darles un buen motivo para que se pasen por tu web antes de hacerla.

¿Cómo se consigue esto? Hay varios instrumentos, pero el *SEO bien entendido* suele ser el principal y el más efectivo. Esta no es una guía de SEO, así que no me voy a extender sobre este punto más allá del apartado que le dedico en exclusiva.

Quédate mejor con esta lección:

Si llenas tus páginas de visitantes aleatorios sin ningún tipo de filtro, y luego pretendes que sea tu web -y no Amazon- quien les convenza de hacer una compra, tus conversiones serán realmente bajas.

Procura adaptar tus contenidos a los perfiles de usuarios que más te interesan. ¿Y cómo sabes qué perfil de usuario te interesa? Pues por ejemplo, si tu objetivo como afiliado es vender un producto X, te interesa el usuario que busca en Internet patrones del tipo *"comprar + producto X"* y similares. Como veremos más adelante, este es un excelente punto de partida a la hora de escoger nombre para nuestro proyecto.

3. LEER ESTOS TRES DOCUMENTOS

El programa de afiliados de Amazon se rige por unas normas muy estrictas, que vienen reflejadas en sus acuerdos operativos... y que casi nadie se lee. Amazon cierra todos los días multitud de cuentas por incumplimiento de sus políticas, y muchos de estos cierres ocurren por desconocimiento del afiliado.

Antes de comenzar tu proyecto online con el programa de afiliados de Amazon, dedica unos minutos a leer despacio y a comprender estos tres documentos:

- Requisitos para participar en el programa de afiliados de Amazon EU:
  https://afiliados.amazon.es/gp/associates/promo/participationesapr2013
- Acuerdo General Operativo:
  https://afiliados.amazon.es/gp/associates/agreement

- Políticas y requisitos para los enlaces:
  https://afiliados.amazon.es/gp/associates/promo/linkingrequirementsapr2013

Mucho cuidado: todos los documentos originales están redactados en inglés. Algunos están traducidos al español, y otros no. **En caso de dudas, prevalece siempre la versión en inglés de cada documento.**

4. APRENDER DE AMAZON

Sí, aprende de ellos. Son los mejores y llevan años trabajando, perfeccionando y liderando el comercio online. Compórtate como lo harían los lectores de tu web: utiliza Amazon con frecuencia, compra y vende en su plataforma todo lo que puedas... y observa. Por encima de todo, observa.

No pierdas detalle de nada de lo que sucede en la web de Amazon. Cada aspecto lo tienen estudiado y pensado para optimizar su flujo de ventas, con un nivel de detalle que ni nos imaginamos.

Sobre todo, fíjate bien en la manera en que **ellos** promocionan **sus** productos. Amazon es el espejo donde debes mirarte, simplemente porque es el mayor afiliado del mundo.

5. TRABAJAR LA CONFIABILIDAD

Como afiliado, tus ingresos dependen de las ventas. Y una web confiable siempre facilitará que sus lectores acaben comprando más cosas.

No hay más.

Trabaja la imagen y la confiabilidad todo lo que puedas. Es una carrera de fondo. Yo recomiendo siempre intentar posicionarse como experto en la temática que vas a tratar en tu web, y ser todo lo transparente que tu conciencia te permita. Transparencia y confiabilidad son dos palabras que verás aparecer en cualquier pautas de afiliación para el programa de Amazon. Siempre.

Y si para ello consideras en algún momento que debes renunciar a ciertas *técnicas de afiliado agresivo*, pues hazlo. No importa. A la larga conseguirás mayores beneficios y sobre todo un **flujo de ventas sostenible**.

6. EL MARKETING DE AFILIACIÓN POR CONTENIDOS NO ES PASIVO

Si buscas el mirlo blanco de los ingresos pasivos mediante afiliación, mejor opta por una tienda online. Y aun así, deberás persistir, tener muy buen SEO, y esperar un milagro. Los sitios web de autoridad y contenido, donde ofreces una información más amplia y no te limitas solo a exponer un catálogo, **no son pasivos.**

No basta con hacer 20 reviews de productos, confiar en que se posicionen y echarse a dormir. Esto no funciona así. El marketing de afiliación puede ser muy escalable, pero casi nunca es pasivo.

Para conseguir un nivel de ingresos decente hay que actualizar contenidos, construir muchos tipos de posts distintos alrededor de las reviews, dominar varias disciplinas, seguir muy de cerca la actualidad comercial de tu sector... y un sinfín de cuestiones que ya comprenderás cuando termines de leer esta guía. No, los ingresos pasivos no están por aquí. Sigue buscando.

7. EQUILIBRIO ENTRE AFILIACIÓN Y OTRAS VÍAS DE MONETIZACIÓN

Todos alguna vez hemos pensado en meter publicidad en nuestras webs para ganar un dinerillo extra. No lo neguéis.

Algunos han terminado haciéndolo y otros no. Algunos con éxito, y otros no tanto. Normalmente nos frena el miedo a tocar lo que ya funciona, y a que al añadir elementos intrusivos -un anuncio, para que sea efectivo, tiene que ser muy visible- perjudiquemos la tasa de conversión de nuestros enlaces de afiliado.

Yo también me he enfrentado a ese dilema.

La solución que adopté, tras probar infinidad de combinaciones, fue usar la publicidad con plena libertad **solo en los artículos con menor tasa de conversión** (los que me sirven sobre todo como captadores de tráfico masivo), y dejarla como complemento -o directamente no usarla- en las áreas que realmente convierten en Amazon (reseñas de productos, y otras).

Es decir, no ver la web como un todo indivisible, sino **saber separar las distintas áreas de contenido** y comprender cuál es la utilidad de cada una.

Esta feliz idea me surge a raíz de una conversación con María Jesús Brañuelas, de BierzoSEO.com, a quien otorgo créditos por ello. No hay nada como rodearse de gente que domina mejor que tú otras áreas del negocio. Al final te acabas empapando de buenos hábitos.

La misma filosofía es válida para otras fórmulas de monetización (patrocinios o venta directa de productos, por ejemplo). No tienes por qué renunciar a ninguna, pero no las mezcles sin sentido. Ten siempre muy claro cómo ganas la mayor parte de tu dinero, y qué tipo de tráfico capta cada una de las áreas de tu portal. Si tu web es de afiliados, optimízala para ese fin.

8. ¿METO ENLACES DE AFILIADO DESDE EL PRINCIPIO?

Esta también es una pregunta recurrente en nuestro mundillo, y que continuamente se la leemos a gente que está empezando con su negocio online.

La respuesta es **sí, pero con matices**. O *sí, pero no al principio del todo*. Lógicamente debes insertar tus enlaces de afiliado lo antes posible, para aprovechar cualquier visita o cualquier venta esporádica que pudieras captar al principio. Si tienes cerca el mes de noviembre, con mayor motivo todavía. Pero espérate al menos a tener una cantidad de visitas constante todos los días, aunque sea pequeña.

Además, si esperas demasiado tiempo, aunque en los primeros meses no tengas mucho tráfico, luego posiblemente sí tendrás mucho contenido y será un engorro ponerte a añadir enlaces en multitud de páginas diferentes.

Bola Extra: si estás empezando en esto, ten en cuenta que para darte de alta en el programa de afiliación de Amazon debes enviar una solicitud, y Amazon te la tiene que aprobar previa evaluación de tu web. Si no tienes web, o está vacía, van a rechazarte la solicitud desde el primer momento. Mejor espera a tener algo decente que presentarle a Amazon. Tampoco olvides que Amazon puede cerrar tu cuenta -aunque luego puedes volver a solicitar la apertura- si no realizas ninguna venta en los primeros 90 días, o en tres años consecutivos. Digo "puede" porque no hay una norma clara al respecto en el momento de redactar esta guía, y según dónde y a quién consultes puedes obtener respuestas diferentes.

Respecto a la publicidad, que es algo que también pregunta mucha gente, mi consejo es claro: **olvídate de ella** hasta que no seas capaz de generar al menos cuatro o cinco mil impresiones de anuncio diarias. A partir de ese momento, asegúrate de saber optimizarla para que resulte un complemento a tus ingresos, y no un estorbo. Pero al principio, ni te lo plantees.

Yo sí creo que la publicidad puede ser una buena aliada para completar los ingresos por marketing de afiliación, pero ojo: siempre y cuando esté muy segmentada y tengamos nociones avanzadas de optimización en esta disciplina.

9. NO LIMITARSE A AMAZON

Yo trabajo con el programa de afiliación de Amazon porque creo que sus ventajas son mucho mayores que sus desventajas. Por citar algunas:

1. Es la mayor tienda online del mundo, y además es reputada como tal. Es decir, que la gente tiene confianza en Amazon y **está acostumbrada** a comprar allí. La mayoría preferimos comprar en Amazon antes que hacerlo la tienda online de una web desconocida.

2. Que te generen comisiones por cualquier venta, no solo por los productos que tú promociones, es un plus enorme. Un porcentaje significativo de los ingresos totales de cualquier afiliado de tamaño medio procede de productos que no ha promocionado directamente.

3. Son unos maestros jugando a las ventas cruzadas y haciendo promociones. Para mí, solamente lo que se gana en el Black Friday es suficiente para preferir a Amazon por encima de cualquier otra plataforma.

No obstante lo anterior, puede haber productos concretos que en otra plataforma o programa determinado te resulten más rentables porque te dan una comisión muy alta, o porque Amazon no los tenga en su catálogo. Explora el mercado y no deseches esta oportunidad. Yo, además de Amazon, trabajo con <u>Belboon</u> y con <u>Tradedoubler</u>. Hay decenas de opciones y como complemento pueden servir, si las sabes calibrar y combinar.

Valora también el tiempo que deberás invertir en gestionar y atender varias plataformas, en lugar de una sola (más paneles, más facturas, más agentes con los que interactuar) y el umbral mínimo de pago que todos los programas de afiliados imponen a sus clientes.

10. EL NICHO CONDICIONA TUS INGRESOS

Esto debes tenerlo claro desde el inicio: la elección de la temática va a condicionar tus ingresos, incluso antes de que empieces a trabajar. **No tiene el mismo potencial de ingresos una temática que otra**.

¿Por qué? Pues por mil razones:

- Si tu temática interesa a poca gente, tu potencial de ingresos será bajo.

- Si tu temática se basa en productos de poco valor, tu potencial de ingresos -mediante marketing de afiliación- también será bajo.

- Si tu temática se basa en pocos productos, tendrás menos opciones de traccionar tráfico que si trabajas en una temática mucho más amplia.

- Si tu temática es una tendencia o una moda, es posible que tu potencial de ingresos se desplome al cabo de algunos meses o de pocos años.

- Si tu temática está muy competida en la red, será más difícil hacerse un hueco y destacar.

- ... y un largo etćetera.

Por estos motivos, lo normal es que el techo máximo de tu potencial de ingresos lo tengas ya marcado desde el principio. Desde el momento en que eliges la temática en que vas a trabajar. Y digo *normalmente,* porque hay excepciones: hay temáticas que pueden crecer contigo, en profundidad o en popularidad, a medida que pasa el tiempo. Pero no es lo habitual.

Lo que sí depende de ti es llegar a este techo máximo del potencial que tiene tu temática. ¿Qué porcentaje de ese potencial serás capaz de exprimir? ¿Cómo de lejos o de cerca vas a quedarte de tu techo máximo? Estas son las preguntas que debes centrarte en resolver.

Puedes ganar mucho dinero trabajando muy bien en una temática con escaso potencial.

Puedes ganar menos dinero trabajando en una temática muy potente, pero quizá más competida o donde no consigas dar con la tecla para destacar.

Antes de dar cualquier paso en el marketing de afiliación, evalúa bien en qué nicho vas a trabajar. Dedica tiempo de estudio a esta decisión. Es difícil, sí. Cada día hay más competencia, sí. Pero cada día también surgen nichos y oportunidades nuevas. Esto va a ser así hasta el fin de los tiempos.

11. CONDICIONES IDEALES DE UN NICHO

Ya hemos visto que la elección del nicho de productos en que vas a trabajar condiciona tu potencial de ingresos de manera crítica. No está de más, por tanto, dar algunas recomendaciones básicas para acertar en la diana.

Estas son las cualidades que, en mi opinión, debe tener un nicho que se pretenda monetizar mediante marketing de afiliación.

- **Perenne**. Asegúrate de que vas a tener audiencia potencial durante una buena cantidad de años. Existe la opción de escribir sobre temáticas pasajeras, sobre tendencias, o sobre cosas que ahora estén de moda pero no sabemos si lo estarán dentro de tres o de cinco años. También son buenas opciones, pero solo indico la que yo escogería. Y no hace falta que te centres solo en productos, ¿eh? Piensa por ejemplo en cualidades de los mismos: "cosas con lunares", "ropa a rayas"...

- **Amplio.** Es complicado hacer una gran página con solo 20 artículos. Tu temática ha de ser lo suficientemente amplia, o tener suficientes posibilidades de ampliación, para que te permita generar contenidos sin devanarte los sesos durante muchos y muchos meses. Por eso los nichos demasiado concretos (también conocidos como *micronichos*) funcionan de otra manera y en cierto modo se trabajan con otras pautas. Por ejemplo, yo no explotaría un nicho donde no pudiese aplicar con garantías la estrategia de las torres de perforación, explicada más adelante en esta misma guía. Antes de ponerte a trabajar, explora a conciencia tanto la verticalidad como la horizontalidad de la temática que hayas elegido.

- **Personal.** Debes tener un cierto vínculo, o al menos un cierto interés, sobre el nicho en el que vas a trabajar. No tiene sentido meterse en una aventura de este tipo sin conocer el terreno que pisas. Puede ser suficiente con algunas nociones previas, que luego desarrollarás y perfeccionarás con el paso del tiempo. No necesitas ser un experto antes de empezar, pero sí deberías *procurar serlo* a unos meses vista.

- **Interesante (para ti)**. Si no conectas con tu nicho, no vas a conseguir conducir la web en el largo plazo. La pasión inicial se desvanece tras los primeros meses. Tendrás que estar todos los días leyendo y escribiendo sobre lo mismo. Esto a la larga cansa, y el interés debe sostenerse de manera natural, nunca artificial. Así que tanto el proyecto como su nicho deben interesarte y atraerte por sí mismos, más allá de las visitas, de los ingresos o de cuestiones relacionadas con el negocio. Al menos durante los primeros meses, el proyecto debe desempeñar una función de realización personal para su autor.

- **Interesante (para el resto del mundo).** Esto es una perogrullada, pero es una pata del banco que cojea muy a menudo. Aunque construyas la mejor web del mundo, jamás conseguirá captar grandes cantidades de tráfico si no trata temas de suficiente interés. Por mucho que hables de cosas geniales y que tu vida gire alrededor de ellas.

Bola Extra: Grábate esta frase a fuego: tu web debe resolver problemas o responder a las necesidades reales de un conjunto suficiente grande de personas.

12. EL NOMBRE DE DOMINIO AYUDA

Hay gente que se quiebra la cabeza a la hora de elegir el nombre de dominio para su proyecto online. En el caso de una web de afiliados, como hemos dicho al principio, lo más importante es que sepamos adaptar nuestros contenidos a los intereses de nuestro público objetivo. Y en este sentido, el dominio no suele ser un factor determinante. Por ejemplo: si vamos a vender muchos productos diferentes, está claro que los EMD (*Exact Match Domain*, o dominios con el nombre exacto de una palabra clave) no nos van a servir para nada.

Sin embargo, si somos hábiles sí podemos sacar provecho del nombre del dominio escogido. Para ello tenemos que tratar de orientarlo hacia el perfil de usuario que nos interesa captar. Sí, este es un concepto que ya hemos repetido y que repetiremos varias veces más a lo largo de la obra.

Si aspiramos a ganar dinero como afiliados, hay muchas posibilidades de que las búsquedas que contengan la palabra *"comprar"* sean las que nos proporcionen mayor número de conversiones. Y en última instancia, de ingresos. Contar con esa palabra en el nombre de dominio te ayudará a mejorar el posicionamiento para esas búsquedas de alta conversión. Es una decisión arriesgada, porque debemos tomarla antes de conocer cualquier dato sobre nuestra audiencia, pero muchas decisiones en el marketing de afiliación no son más que apuestas sin un rédito garantizado.

Mi consejo para una web de afiliados es que el dominio contenga la palabra *"comprar"*, a ser posible combinada con alguna keyword o concepto relacionado con la temática en que vamos a trabajar. También pueden servir, según el caso, otros términos como por ejemplo *"opiniones"*, *"análisis"* o *"comparativas"* acompañados siempre de la keyword que más te convenga.

Recuerda: todo es cuestión de saber a qué tipo de usuario quieres atraer hacia tus páginas.

13. DEMOSTRAR SENTIDO DE LA ACTUALIDAD

Como afiliado, tu objetivo es **promocionar productos que se vendan**, y una de las mejores formas de hacerlo es estar muy encima de la actualidad comercial en tu temática.

Las novedades de las marcas suelen copar las listas de ventas en las fechas siguientes a su lanzamiento, ya que como es natural las propias compañías se encargan de promocionarlas a tope. Si eres un afiliado astuto, sabrás aprovecharte de las muchas ocasiones en que las marcas se encargan de hacer el trabajo sucio en tu lugar: promociones, ruido social, difusión en grandes medios online y offiline... Ellas, y no tú, son las que deben acercar el producto a los compradores.

Siempre recomiendo **monitorizar la actividad comercial de las principales marcas que trabajan en tu nicho.** Tómale el pulso a la actualidad de tu sector.

De esta manera, no solo darás cabida en tu web a las novedades mucho antes que tu competencia (un factor que siempre viene bien para el posicionamiento, y por tanto para conseguir más visitas) sino también transmitir a tu audiencia la imagen de que tu portal es un sitio vivo, que está a la última y que se preocupa por informar. Así refuerzas la confiabilidad de la web (otro factor que nos ayudará a tener éxito como afiliados).

Yo, como norma general, añado a mi web todas las novedades del mercado el mismo día que salen a la venta. Incluso antes de que aparezcan en el stock de Amazon. Aunque no tengan enlace de afiliado, tener la reseña lista ayudará a que vayan *cogiendo sitio*. Y, como mencionamos en otro apartado de esta guía, siempre puedes enlazarlas a su búsqueda en Amazon a la espera de que finalmente aparezca el producto en el catálogo.

14. CÓMO CUMPLIR CON EL FISCO
SI GENERAS PEQUEÑOS INGRESOS

Pues sí, con el fisco hemos topado. En algún sitio debería estar explicado con claridad **qué tiene que hacer la gente que gana pequeñas cantidades en Internet** y quiere dormir con la conciencia tranquila.

El que gana mucho dinero en los negocios online ya tiene este problema resuelto: o es autónomo, o ha montado ya su propia empresa.

Pero la persona que empieza con una modesta página web, y ve cómo florecen sus primeras comisiones, siempre se pregunta cómo tiene que declararlas y qué pasos debe seguir para no defraudar al fisco. Cuando son pocos euros nadie le da importancia pero... ¿y si empiezan a crecer de un día para otro? ¿y si estoy haciendo algo ilegal? ¿voy a ir a la cárcel?

Lo cierto es que la desinformación y los vacíos legales que existen sobre este tema son sangrantes. Yo voy a contar el caso de España, que es lo que conozco. Y lo cuento según las disposiciones legales vigentes en junio de 2016. No obstante, recomiendo por encima de cualquier consejo que cada cual consulte su caso de manera individual, en la Agencia Tributaria o en la Delegación de la Seguridad Social que tenga más a mano.

Lo primero que debemos tener claro es que hay que cumplir obligaciones en dos ámbitos: con Hacienda y con la Seguridad Social. Explicamos primero el caso de Hacienda.

Vamos a cumplir con la Agencia Tributaria:

Todo lo que ganes con Amazon, con Google, o en cualquier otro sitio, desde el primer euro, debes declararlo a Hacienda. Repito: aunque sea 1 euro. Si no lo haces estás incurriendo en delito (economía sumergida).

Esta es la teoría. En la práctica ya sabemos que casi nadie declara cantidades tan pequeñas, pero que cada cual actúe según su conciencia y bajo su propio riesgo.

¿Cómo debo declarar mis ingresos?

Amazon no practica ningún tipo de retención en los pagos, así que todo lo que ingresas es bruto. Teóricamente -y recalco lo de *teóricamente*, porque así es como me lo indicaron en la Delegación de Hacienda cuando fui a preguntar- debes hacer pagos a cuenta trimestrales, a través del modelo 130. Exactamente igual que cuando eres autónomo.

Luego tendrás que declarar en la Renta Anual que has ingresado X euros a través de Amazon, y ya te practicarán ahí la retención que corresponda (por ejemplo el 24%, 30%... según el tramo donde estés en función de tus ingresos anuales).

Si no has hecho pagos a cuenta trimestrales... pues tendrás que tributarlo todo en la Renta. En ambos casos tendrás que pagar a Hacienda lo mismo, en función de tus ingresos. Pero la forma correcta de hacerlo, según Hacienda, es darte de alta como profesional y todos los trimestres dar cuenta de tus ganancias.

Del IVA no tienes que preocuparte, porque Amazon ya da cuenta de ese IVA a la Hacienda Española en tu lugar. Es una actividad exenta. Pero sí que puedes deducirte el IVA que tú hayas pagado por gastos que se puedan imputar a tu actividad (ejemplo fácil: si te compras un ordenador nuevo, o la conexión a Internet si está a tu nombre). Así que deberás rellenar también cada trimestre con el modelo 303 para dar cuenta de la liquidación del IVA.

Google, por cierto, lo hace de la misma manera.

Otro detalle importante: desde el programa de afiliados de Amazon España tú operas con Amazon Europa, que tiene sede en Luxemburgo. Esto te obliga a un trámite más: darte de alta en el ROI (Registro de Operadores Intracomunitarios). No cuesta dinero, te lo hacen también en Hacienda. Y si trabajas con Google ocurre igual, porque tiene sede en Irlanda.

Resumiendo. Para declarar tus ingresos como profesional independiente en Hacienda tienes que hacer lo siguiente:

- Te das de alta en el registro censal de Hacienda.

- Haces facturas de tus ingresos todos los meses, para presentarlas en cada trimestre. No, no hace falta ser autónomo para hacer facturas. Lo que sí hace falta es estar dado de alta como profesional en Hacienda. Mucha gente lo confunde porque ser autónomo implica siempre tributar a Hacienda. Pero no viceversa.

- Efectúas pagos a cuenta trimestrales a través del modelo 130.

- Te das de alta en el Registro de Operadores Intracomunitarios.

- Declaras todos los trimestres el IVA repercutido, tanto en tus ingresos (en el caso de Amazon es nulo) como en tus gastos. Esto se hace a través del modelo 303.

- En la Declaración de la Renta anual debes indicar tus ganancias por la actividad que realices en Internet, ya que Hacienda no tendrá constancia de ellas. Ahí se compensarán, a favor o en contra, las tributaciones que hayas hecho durante los cuatro trimestres del año en cuestión.

Para que te hagas una idea genérica, a poco que tengas ingresos anuales normales Hacienda se llevará alrededor de una cuarta parte o una tercera parte de ellos.

Y hasta aquí los pasos para cumplir con Hacienda. Luego está el tema de la Seguridad Social, y la *temida* cuota de autónomos.

Vamos a cumplir con la Seguridad Social:

Para cotizar a la Seguridad Social, lo más normal es darse de alta como autónomo. Según este mismo organismo, solo estás obligado a hacerlo si cumples ciertas condiciones, como:

- Que tus ingresos sean frecuentes o periódicos.

- Que superen al cabo del año el salario mínimo interprofesional (infórmate por tu cuenta de a cuánto asciende esta cantidad en el momento en que estés leyendo la obra).

- Que estos ingresos sean tu único medio de vida.

Como es natural, si generas de vez en cuando 50€ o 100€ de ingresos pues no te interesa pagar una cuota de autónomo solo para eso.

Es tu elección.

Es perfectamente posible estar dado de alta en Hacienda por una actividad pequeña, como profesional independiente, pero no estar dado de alta en la Seguridad Social y por tanto no cotizar. Son cosas diferentes.

En el caso que nos ocupa, los ingresos que vamos a recibir de Amazon por nuestra web serán siempre mensuales, así que lo de la periodicidad lo vamos a cumplir queramos o no. Así que lo más práctico será vigilar nuestro nivel de ingresos, y prever darnos de alta como autonómo cuando veamos que al cabo de un año natural vamos a estar por encima de los 8000 o 9000 euros (más o menos).

Si ingresas menos de esa cantidad, pero por lo que sea quieres cotizar a la Seguridad Social, también puedes hacerlo. Simplemente debes ser consciente de hasta qué momento no estás obligado a hacerlo, y a partir de qué momento sí lo estás.

También es posible generar estos ingresos extra mientras tienes otro trabajo por cuenta ajena. En ese caso, posiblemente no tengas necesidad de cotizar a la Seguridad Social por esta actividad (tu empresa lo hará por ti) pero recuerda que sí estás obligado a declarar a Hacienda tus ganancias online.

Bola Extra: Amazon retendrá tus pagos hasta que superes el umbral predefinido, que es de 25 euros para depósitos directos, y

50 euros para cheques. Pero es posible, en el caso de los cheques, modificar estos 50 euros de umbral y situarlo en una cifra que te convenga más. Así, por ejemplo, podrías evitar tener que darte de alta como autónomo en un determinado año o evitar que tus ingresos sean *"frecuentes"*. El problema es que esto solo puedes hacerlo si escoges que te paguen con un cheque. Si como método de pago eliges el depósito directo, el umbral de 25 euros es fijo y te van a pagar todos los meses.

Sea como fuere, en estas cuestiones lo más aconsejable es **ir a preguntar a tu Delegación de Hacienda y al centro de la Seguridad Social** más cercanos, y rezar porque te atienda una persona que tenga una mínima idea de cómo resolver estas cuestiones. Mi experiencia me dice que no es sencillo.

15. NO DEJAR CABOS SUELTOS:
VIGILA LOS TÉRMINOS LEGALES DE TU WEB

Cuando tengas ya un cierto volumen de tráfico, te sorprenderá la cantidad de gente que contacta contigo como si tú fueras el vendedor de los productos. Te preguntan dudas técnicas, te consultan por servicios de mantenimiento y reparaciones, quieren saber si haces repartos a remotas regiones del altiplano boliviano...

Para evitar disgustos conviene que incluyas en el Aviso Legal de tu web las cláusulas necesarias para estar prevenido en caso de que alguien, por poner un ejemplo, tenga algún problema con algún producto, y pretenda echarte la culpa a ti por haber mediado en la venta. Sí, sí, no pongas esa cara. Puede suceder.

El apartado de *Exención de Responsabilidad* debería ser suficiente.

¿Cómo? ¿Que no tienes un **Aviso Legal en tu web**? Pues ya vas tarde.

16. EL MAYOR SECRETO
PARA GANAR MUCHO DINERO CON AMAZON

El tiempo. Sí, el tiempo. Siento decepcionarte si esperabas leer otra cosa, algún truco increíble o alguna espectacular técnica no revelada hasta la fecha, pero no. No hay nada de eso. La mejor manera de generar grandes cantidades de ingresos con la plataforma de afiliación de Amazon es tener paciencia y muchísima constancia.

Uno de mis lemas favoritos, de todos los que he podido aprender durante mi trayectoria profesional, reza así:

"El mejor momento para comenzar un negocio online fue hace muchos años. El segundo mejor momento es hoy"

Amazon es como un producto de inversión a largo plazo: vas poniendo pequeñas semillas -en forma de enlaces- y lo largo del tiempo esas semillas maduran y van dando frutos.

Yo hoy en día todavía sigo obteniendo ingresos regulares de un enlace o de una review que escribí hace más de tres años.

Un artículo que en primera instancia me pareció un fracaso quizá puede darme una venta al cabo de 15 meses. Otras dos ventas al cabo de los dos años. Y una venta más algunos meses más tarde. Y la historia continúa...

Cuando se utilizan programas de afiliados y se dirige tráfico a ellos mediante marketing de contenidos, no deben esperarse resultados inmediatos ni debemos frustrarnos por no hacernos ricos en pocos meses. Cada enlace que situamos en la web es como una puerta que dejamos abierta para la eternidad. De todos los miles de visitantes que van a pasar delante de ella, alguno acabará entrando. Solo debes tener paciencia y tratar de ir **acumulando y acumulando puertas en la red**.

Por pura escalabilidad, a medida que aumentes el número de enlaces diferentes con el paso del tiempo, también deben ir aumentando los beneficios que obtienes a partir de ellos.

Lo que no podemos pretender -y aquí es donde muchísimos afiliados amateur tropiezan- es obtener ingresos en pocos meses, con un puñado de artículos promocionales y trabajando en el proyecto de higos a brevas. Las cosas no funcionan así.

II. LOS ENLACES DE AFILIADO

Los enlaces de afiliado son el puente que une cualquier plataforma de afiliación con tus ingresos y beneficios finales. Aprende a usarlos correctamente, y conoce cómo hay que operar con ellos para exprimirlos a tope.

17. ENMASCARAR LOS ENLACES

Puedes usar el plugin Pretty Link para Wordpress, o cualquier otra herramienta similar, la que quieras... pero siempre es recomendable hacer tus enlaces de afiliado un poquito más confiables de cara a tus lectores. Cierto es que no todos se preocupan de ver las URLs de destino, pero... hagamos una prueba:

Como lector que tiene intención de dejarse el dinero en una compra, ¿qué enlace pulsarías antes?

a.   http://www.comprarmicafetera.com/comprar/robot-de-cocina

b.   http://amzn.to/1Ulbl6H

c.   http://www.amazon.es/gp/product/B00O1UNC0K/ref=as_li_
     qf_sp_asin_il_tl?ie=UTF8&camp=3626&creative=24790&creati
     veASIN=B00O1UNC0K&linkCode=as2&tag=Afiliado-21

La respuesta es obvia: la mayoría de gente elegirá la opción (a). Y si no quieres usar un plugin de redirección por cualquier motivo, pues usa el acortador de Amazon -opción (b)-, como mal menor.

NOTA: ninguno de los tres enlaces de ejemplo anteriores funciona. Amazon no permite incluir enlaces de afiliación reales en ninguna publicación offline.

Utilizar un plugin de redirecciones para enmascarar los enlaces te será muy útil también cuando necesites **cambiar el enlace de afiliado** para un determinado producto. En lugar de hacerlo a mano en las decenas de páginas de tu sitio web donde los hayas usado, solo tendrás que ir a tu plugin y modificarlo allí. Una sola vez.

Por último, otro motivo para usar un plugin de este tipo es la facilidad que te dan para poner *nofollow* todos tus enlaces de afiliado (que son externos), algo que seguramente te interese si tienes alguna noción de SEO y sabes de lo que estamos hablando.

Bola Extra: es muy importante aclarar a tus lectores que todos tus enlaces de compra dirigen hacia la web de Amazon. Amazon prohíbe el uso de acortadores con el fin de intentar engañar al usuario. No se pueden usar acortadores (como bit.ly, por citar un ejemplo) ni construir URLs que no dejen claro que el destino del enlace es la web de Amazon.

18. ENLAZAR TODAS LAS IMÁGENES HACIA AMAZON

Es increíble, pero sigo viendo ejemplos casi a diario de sites de afiliados que hacen reseñas de productos y no enlazan sus imágenes hacia Amazon.

Esta es una técnica básica. Todos sufrimos un impulso casi sobrenatural a hacer click sobre las imágenes: para verlas más grandes, para abrirlas en otra pantalla, para encontrar un huevo de pascua, por inercia...

Las imágenes se pulsan mucho. Coloca tus enlaces de afiliado en ellas.

Bola Extra Nº1: sé honesto e indica en el atributo *Title* de tu imagen la acción que se ejecuta con el enlace. Por ejemplo, *Comprar Aspiradora Braun XYZ-123*. Además de coherente, es una buena práctica SEO. Si no lo has descubierto todavía, que sepas que como afiliado te interesa posicionarte para las keywords *comprar+loquesea*.

Bola Extra Nº2: una vez que tengas bien montado y optimizado tu inventario de imágenes, puedes **dirigir la atención de tus lectores** hacia ellas usando el lenguaje como arma. Ejemplo: *"en la fotografía siguiente puedes ver cómo..."*, o *"busca este detalle en la última imagen de esta reseña..."*, o *"recuerda cómo en la primera fotografía de esta reseña..."*.

Llegados a este punto, alguno pensará que para generar contenidos como afiliado es necesario estar pendiente de demasiadas cosas. No le falta razón, pero lo suyo realmente es coger hábitos e interiorizar pautas para que todo esto te salga de manera natural. La receta consiste en practicar y perseverar. Escribir una reseña no puede convertirse en una carrera de obstáculos.

19. HUIR DE LOS BANNERS

Los banners de Amazon son feos, anticuados, y convierten poco. Me sorprende la cantidad de sitios donde los sigo viendo. Hay afiliados que incluso los emplean y los sitúan como si fuesen banners de publicidad convencional, procedentes de cualquier red de anuncios como Adsense y similares. Esto, en mi opinión, es un doble error: no solo no vas a conseguir un rendimiento óptimo de esos banners de Amazon, sino que además les estás robando sitio a los anuncios de publicidad normal.

Los banners o creatividades para promocionar productos de afiliado no funcionan ni se optimizan igual que los banners de Adsense.

Los enlaces que mejor convierten son los enlaces de texto, bien integrados dentro de tu contenido. Y podemos aplicar algunas pautas para que funcionen mejor, como por ejemplo...

20. ENLAZAR A TU PRODUCTO CADA VEZ QUE LO MENCIONES

En un apartado anterior hemos hablado de las fotos, y más adelante hablaremos de los botones de llamada a la acción, pero **la principal fuente de clicks de afiliado** son sin duda los enlaces integrados en el texto.

Si los usas con astucia, los enlaces normales y corrientes, bien integrados en el texto, serán tus principales proveedores de cookies por los siglos de los siglos.

Tampoco vas a andar poniendo un enlace en cada frase, pero damos por hecho que tienes nociones de *copywriting* y vas a repetir el nombre de tu producto de una manera coherente y mesurada, aunque sea con variaciones del nombre principal.

Dicho esto, no desaproveches ninguna ocasión. **Los enlaces integrados en el contenido son los que más se van a pulsar en tu web**. Si es posible, utiliza textos diferentes para ellos. Por ejemplo, si tu producto se llama Hyundai AB-1234 puedes nombrarlo y enlazarlo de las siguientes maneras:

- Hyundai AB-1234

- Hyundai AB1234

- Hyundai AB 1234

- Producto Hyundai

- El modelo AB-1234 de Hyundai

- ...

Tienes que ser creativo y conocer las distintas formas que se pueden emplear para nombrar tu producto. **Debes aspirar a la variedad de tus textos ancla**.

21. ENLAZAR A LAS BÚSQUEDAS DEL CATÁLOGO DE AMAZON

No hace falta enlazar siempre a productos concretos. Las páginas de búsquedas (también las de categorías) pueden tener sentido en determinados contextos... y Amazon te permite enlazarlas de manera directa.

Su uso **multiplica las posibilidades** de ofrecer productos relevantes, ya que te permiten llegar a conceptos inalcanzables con un producto individual.

Prueba, por ejemplo, a realizar las siguientes búsquedas en tu cuenta de afiliado. En la imagen podrás ver dónde está el enlace que debes utilizar:

- *Aspiradoras de color rojo*

- *Camisas de flores*

- *Camisetas con calaveras*

Bola Extra: Si haces una reseña de un producto muy nuevo, quizás todavía no esté en el stock de Amazon. Esto suele pasar por ejemplo cuando monitorizas la actualidad de una marca, y cuando hay una novedad importante la metes en tu web el mismo día del lanzamiento. Si no quieres perder la ocasión de sumar enlaces, aunque todavía no esté el producto en el catálogo de Amazon, puede ser buena idea enlazar hacia su búsqueda como solución temporal.

Volvamos sobre nuestros pasos: fíjate bien en la foto anterior. El usuario accederá a un listado que quizá tenga información relevante, o que quizá no contenga resultados. Lo que sí es seguro es, cuando Amazon tenga ese producto, aparecerá en el listado que has enlazado y tú no tendrás que preocuparte demasiado por monitorizarlo.

22. PUEDES AÑADIR TU ID DE AFILIADO A CUALQUIER COSA

Amazon te ofrece de manera directa tus enlaces de afiliado para diversas áreas de su web (principalmente, para fichas de producto y para búsquedas), pero debes saber que cualquier enlace o URL de la web de Amazon es susceptible de llevar tu ID de afiliado al final. Tiendas, categorías, páginas intermedias, otras consultas, etcétera.

Puedes añadir tu ID de afiliado manualmente a cualquier dirección, tan solo teniendo en cuenta uno de estos dos supuestos:

- Si la URL ya tiene una interrogación, entonces añádele **/&tag=Tu_Id_Afiliado**

Por ejemplo:

https://www.amazon.es/s/ref=mega_sv_2_2_1_2?rh=i%3Ashoes%2Cn%3A2008204031&ie=UTF8&lo=shoes/&tag=Tu_Id_Afiliado

- Si la URL no tiene ninguna interrogación, entonces añádele **/?tag=Tu_Id_Afiliado**

Por ejemplo:

https://www.amazon.es/gp/product/B00OJ6XFKI/?tag=Tu_Id_Afiliado

Como ves, la cadena es la misma pero utilizando el símbolo & o ? según proceda.

Lleva al usuario a donde te plazca o a donde más te interese en Amazon, siempre con tu ID de afiliado. No te limites a los enlaces por defecto. Todo lo que termine comprando ese usuario después de navegar, ya sabes que irá a parar a tu bolsillo.

23. VERIFICAR LA VALIDEZ DE LOS ENLACES MANUALES

Si añades tu tag de afiliado a una URL de forma manual -siguiendo las pautas explicadas en el punto anterior- y no estás seguro de si la has formado bien, **debes utilizar el comprobador de enlaces de Amazon**. Si no lo haces, puedes estar perdiendo comisiones sin darte cuenta.

El comprobador de enlaces es una herramienta que Amazon pone a disposición de todos sus afiliados, pero... sí, lo has adivinado: no está muy a la vista y suele pasar desapercibida. Esta es su dirección:

* https://afiliados.amazon.es/gp/associates/network/tools/link-checker/main.html

El comprobador de enlaces es muy sencillo de usar: simplemente indica el enlace que deseas verificar, y Amazon te dirá si es válido para tu ID de afiliado, o no.

Es recomendable comprobar todos los enlaces que generes a mano porque, si te has equivocado por ejemplo en algún carácter al formar la URL, las comisiones de ese enlace no van a llegar jamás a tu cuenta... y lo peor es que no tendrás forma de saberlo.

24. ENLAZAR A TIENDAS DE MARCAS

Muchos afiliados no lo saben, y algunos solo lo descubren al cabo del tiempo por casualidad, cuando navegan por Amazon y se topan con una de ellas. Amazon y las marcas no son enemigos: más bien al contrario. Se alían, porque las marcas saben que vender sus productos a través de Amazon es una manera fácil de amplificar sus ventas en todo el mundo.

Las tiendas de las marcas son como *mini-tiendas de Amazon* dentro de la propia Amazon, y replican las técnicas de marketing de las tiendas físicas. Esto significa que están súper optimizadas para que el visitante que entre en ellas no salga sin alguna compra -o varias- bajo el brazo.

Probablemente tus visitantes, al igual que muchos afiliados, desconozcan la existencia de las tiendas de marcas... a no ser que tú se la reveles.

Si el perfil de tu usuario no es el de un comprador convencido, sino más bien un indeciso, *un fanboy*, o un lector interesado en información genérica más que en compras... puede resultar más efectivo enviarlo a la tienda de una marca que a una ficha de un producto concreto. No será extraño que en alguna de ellas se enrede más de la cuenta, y acabe haciendo algunas compras.

Analiza tu tráfico y **detecta en qué areas de tu web puede ser más efectivo enlazar a tiendas que a fichas de producto.**

He aquí algunos ejemplos de tiendas de Amazon oficiales de algunas marcas conocidas, para que eches un vistazo y veas cómo son:

- Nespresso:
  https://www.amazon.es/b/ref=amb_link_210538327_3?_
  encoding=UTF8&ie=UTF8&node=2644351031

- Dyson:
  https://www.amazon.es/b/ref=s9_acss_bw_sc_
  handkmai_ar_s3?_encoding=UTF8&node=8452849031

- Rowenta:
  https://www.amazon.es/rowenta/b/ref=amb_link_176780
  167_3?ie=UTF8&node=2580640031

A día de hoy no existe un buscador o listado genérico de todas las tiendas propias de marcas presentes en Amazon.

25. ABRIR (O NO) LOS ENLACES EN PESTAÑA NUEVA

Esta es una disyuntiva que afecta, sobre todo, a los enlaces contextuales o enlaces integrados dentro del texto.

Desde el punto de vista del afiliado, parece recomendable tomar siempre el camino más directo, y por tanto abrir nuestros enlaces de afiliado en la misma página en la que el usuario esté navegando. Lo que nos interesa es que cierre su compra lo antes posible, ¿verdad?

Yo, sin embargo, suelo usar el *target="_blank"* en todos mis enlaces, para que se abran en una pestaña nueva. La cookie se activa igual -ya sabéis que el usuario tiene 24 horas a partir de este momento para hacer compras- pero el usuario sigue navegando en mi web. Potencio el contenido de mi web y la navegación frente a una hipotética conversión más rápida... y recalco lo de *hipotética:* en realidad nadie nos asegura que nuestro lector vaya a comprar más artículos por el simple hecho de abrir la web de Amazon directamente en la misma pestaña. Es solo una suposición.

Como ya he citado en otros casos, este es un ejemplo donde dejo un poco de lado el papel de *afiliado agresivo*, y procuro beneficiar más las propiedades de mi sitio web.

26. APROVECHAR LOS COMENTARIOS

Ya sabemos que en una web de contenidos es conveniente responder a los comentarios, interactuar con la gente, fomentar la conversación, ayudar a generar contenido gratuito, traccionar más keywords, *bla, bla, bla...* todos conocemos lo útiles que son los comentarios.

Desde el punto de vista del afiliado, conviene ir un paso más allá y ser astutos. Podemos usarlos en nuestro favor.

Cuando estoy respondiendo a un comentario, muy probablemente esa persona *estará esperando* leer mi respuesta. Es más: la leerá con total seguridad. Es posible incluso que reciba en su correo un email cuando yo le responda.

El foco de los usuarios ya está puesto sobre el área de comentarios. ¿Por qué desaprovechar esa oportunidad?

Busca maneras de insertar enlaces de afiliado en tus comentarios.

Y no digamos ya si encima tu respuesta es valiosa y resuelve el problema. Cookie garantizada.

Bola Extra: antes de redactar esta guía me había prohibido a mí mismo hablar de SEO, porque al final mezclamos conceptos, pero bueno... las dos disciplinas están muy relacionadas. Si tienes una mínima idea de esto, ya sabrás que los comentarios pueden ayudar a posicionar. Es contenido relevante y natural, es contenido gratis, es contenido valioso, y normalmente contiene multitud de keyword relacionadas con la temática del artículo. ¿Sabías que muchos lectores llegan a un post a través de los comentarios? ¿Que el snippet de texto que aparece en las SERPs de Google puede proceder de un comentario? ¿Que según cómo tengas configurado tu Wordpress puedes estar indexando la URL de todos tus comentarios?

¿Qué te quiero decir con todo esto?

Pues que hay lectores que llegan a tu página directamente para leer no el contenido que tú has escrito, **sino para leer la sección de comentarios**. ¡Y se leen las conversaciones enteras!

Un post con varios cientos de comentarios es un tesoro. No desaproveches ningún rincón.

27. EMPLEAR BOTONES DE LLAMADA A LA ACCIÓN

Ya lo hemos repetido antes: hay **tres elementos** en una página que son la mayor fuente de clicks para un afiliado. De menor a mayor importancia (y siempre según mi experiencia): las fotos, los *Call-to-Action*, y los enlaces de texto de los que hablaremos luego. En este punto vamos a tratar a los segundos.

Nota: cuando hablamos de llamada a la acción o Call-To-Action nos referimos a decirle directamente a tu lector: ¡COMPRA! ¡HAZ ALGO y HAZLO YA!

Nuevamente, me sorprende ver reseñas de productos que pretenden obtener clicks de afiliado y no tienen ni una sola llamada a la acción.

Las llamadas a la acción debe ser **pocas y muy claras**. Preferiblemente en forma de botones de compra. Lo ideal es usar un tema de WordPress optimizado para estas lides (más adelante hablaremos sobre este punto), pero si los construyes y colocas tú mismo a mano procura situarlos en lugares estratégicos: principio y final de tu reseña, bien visibles, grandecitos y sin elementos alrededor que distraigan. Y centrados dentro del contenido, por favor. No me los alineéis a la izquierda o a la derecha buscando vete tú a saber qué.

Yo no recomiendo usar más de dos botones de llamada a la acción en una misma página, pero esto ya es una elección particular de cada uno. En ella, además, pueden influir otros factores como el diseño de tu página de reseña o la estética de tu web.

Los colores y el lenguaje que emplees en los botones también influyen, pero estos aspectos los trataremos en apartados posteriores.

Bola Extra: Usar los propios botones de Amazon también puede ser una buena idea en determinados tipos de webs.

28. NO INSERTAR ENLACES DE AFILIADO EN POP-UPS

Otro error grave, que se suele cometer por desconocimiento y por no leerse los términos del acuerdo operativo con Amazon.

Si utilizas enlaces de afiliado en pop-ups o en **ventanas que no hayan sido abiertas intencionalmente por el lector**, te pueden cerrar la cuenta. Así de claro.

29. NO INSERTAR ENLACES DE AFILIADO EN MEDIOS DE CONSULTA OFFLINE

Esta es otra de las prácticas prohibidas por Amazon, y te pueden cerrar la cuenta si la detectan. Este es el motivo, por ejemplo, por el que no verás ningún enlace de afiliado real incluido o impreso en esta publicación.

Y mucho ojo: el email, por extraño que pueda parecer, Amazon lo considera un medio susceptible de consultarse offline. **Jamás insertes enlaces de afiliado directamente en un email.**

Si utilizas newsletters, o listas de correo, para enviar contenidos de afiliación a tus suscriptores mediante RSS, procura no mostrar el post completo. Así evitarás el riesgo de propiciar sin querer la lectura de tus enlaces en medios offline.

Mejor envía solo un extracto del texto -donde no haya ningún enlace de afiliado- que obligue al lector a entrar en tu sitio web, o enlaza a una *landing page* construida a propósito, para poder ver el contenido y los enlaces de afiliado en ella.

30. ENLACES AL PRINCIPIO DEL TEXTO VS ENLACES AL FINAL...

... o mejor aún, ambos. Está claro que debemos incluir en nuestro texto todos los enlaces de afiliado que nos sea posible, pero siempre dentro de un orden. Una buena distribución de enlaces facilita la lectura y favorece la naturalidad de los mismos.

Los que mejor me funcionan -si los uso bien y con las palabras correctas- son los que están al principio y al final de los artículos. ¿Por qué? Todavía no tengo una teoría clara al respecto, pero la explicación más plausible es que en esos lugares la atención del lector está más enfocada y más pendiente de la compra.

Si tú estás leyendo una reseña, **sueles pulsar lo primero que te ofrecen** para aglutinar la mayor información posible. Por eso me gusta incluir en el primer párrafo enlaces de afiliados no solo del producto en cuestión, sino de otros relacionados. O varios enlaces del mismo producto, con mayor densidad de la que luego usamos en el resto del contenido. Es fundamental incluir enlaces *por encima del pliegue* (antes del primer scroll vertical).

Por un motivo parecido, suelo incluir enlaces a otros productos al final de mis reseñas, cuando el usuario ya sabe todo lo que tiene que saber sobre el producto -aquí hay que suponer que se lo ha leído todo... que ya es mucho suponer- y **puedes captar su atención ofreciéndole alternativas**, del tipo:

"...si este producto te ha gustado, [ESTE OTRO] tiene el depósito más grande"

o

"...este otro [PRODUCTO] tiene las mismas prestaciones, pero es mucho más barato porque procede de una marca menos conocida"

Estos enlaces son muy pulsables y recomiendo incluirlos de este modo -cuidando el lenguaje y usando las palabras precisas- en la sección final o en los últimos párrafos de tu reseña, cuando ya todo el pescado está vendido.

31. ENLAZADO INTERNO Y EXTERNO: ENLAZAR A MI WEB VS ENLAZAR A AMAZON

Esta es una disyuntiva eterna.

A mí me gusta fomentar el enlazado interno en mi web. Bien construido y empleado con coherencia, es una bonita manera de fortalecer los cimientos del portal, mejorar el ratio de páginas vistas por visita, y aumentar la confiabilidad de tu sitio.

Pero claro, si en el texto menciono un producto que ya estoy promocionando como afiliado... ¿lo enlazo hacia su ficha de Amazon o lo enlazo hacia la reseña de mi web?

Yo aquí apuesto por una estrategia poco agresiva desde el punto de vista de la afiliación.

En una reseña, enlazo como afiliado **solo las menciones directas del producto que estoy revisando**. Las menciones a otros productos que no sean el protagonista de mi reseña, y de los que ya haya hablado antes en mi web, las enlazo siempre hacia sus propias reseñas.

Es decir, en una reseña procuro enlazar como afiliado solo un único producto. El resto serán enlaces internos hacia otras reseñas, o enlaces de afiliado hacia productos que no promocione en mi web.

La excepción a esta norma son los rankings. Ya explicaré en un apartado posterior cuál es el beneficio y el objetivo específico de este tipo de entradas. Cuando hago un post sobre un ranking o lista de productos, me gusta enlazar cada uno de ellos como afiliado hacia Amazon. Sin perjuicio de que a cada producto de ese ranking le dedique después unas líneas, y entonces allí sí enlace también hacia su reseña interna.

O mejor aún: los junto todos en una tabla comparativa con enlaces tanto a la *review* interna como a Amazon. Las tablas son geniales. Más adelante hablaremos de ellas.

III. EL CONTENIDO

Dicho de otro modo: cómo contar las cosas y cómo disponer la información en tu web para sacar el máximo provecho de tus enlaces de afiliado.

32. NO USAR IMÁGENES MUY GRANDES

Todo lo dicho en el apartado 18 de esta guía lo tiraremos por tierra en el momento en que usemos una imagen demasiado grande. Una imagen gigante puede quedar muy bonita o muy espectacular, pero no beneficia en nada a la tasa de conversión.

Las imágenes demasiado grandes dejan de ser clicables.

De hecho, si las muestras ligeramente más pequeñas de lo normal, no muy pequeñas pero con un tamaño ligeramente incómodo... y les añades una leyenda de *"pulsa para verla en grande"*... mmm, bueno, estarás practicando una suerte de *black hat para afiliados* y eso no nos interesa. Amazon lo penalizará si lo descubre, pero conste que yo he llegado a verlo en alguna web. Allá cada cual.

33. NO INCRUSTAR VÍDEOS MUY PEQUEÑOS

Por el mismo motivo que el punto anterior, si el vídeo lo incrustas con un tamaño pequeño muchos lectores pulsarán sobre él y se irán directamente a Youtube a verlo más grande. Siempre es un riesgo que abandonen tu página aunque la nueva se abra en otra pestaña, así que sé generoso.

El objetivo de emplear vídeos en tus reseñas es mejorar la autoridad de tu web mediante la oferta de contenidos extra, aumentar la respuesta de usuario, y aumentar el tiempo de permanencia en el sitio. No que los lectores pinchen sobre ellos.

Bola Extra: si eres un afiliado muy muy agresivo, puedes llegar a incrustar un vídeo de youtube y luego enlazar la vista previa a la página de Amazon del producto con tu link de afiilado... esto iría directamente a nuestra recién inaugurada -e inventada- sección de *black hat para afiliados*. Yo personalmente no recomiendo estas técnicas, porque Amazon cada vez está más encima y tiene más capacidad de detectarlas. Pero estamos aquí para hablar de todo un poco, ¿no?

34. UTILIZAR TABLAS Y COMPARATIVAS

¡A los compradores les encantan las tablas y las comparativas!

Son un ecosistema mágico en cuyas redes los lectores caen irremediablemente atraídos por su información estructurada, su poder visual y su facilidad para ordenar o disponer elementos a conveniencia. Se pierden, se enredan, recorren arriba y abajo sus filas y columnas, bichean ávidos de conocimiento hasta el último dato relevante, pinchan en sus botones...

...¿Pinchan en sus botones?

No hay más que hablar.

Como ves en la imagen, yo suelo incluir en mis tablas los enlaces tanto a la ficha de Amazon como a la reseña del producto en mi web. O sea, tanto los internos como los externos. Y al contener enlaces (como afiliados, los enlaces son el elemento final de nuestro embudo de conversión), me interesa incluir elementos que me ayuden a dirigir la vista del lector hacia la tabla. Un título llamativo o un elemento gráfico impactante (fotos de los productos, estrellitas de valoración...) ayudan a conseguirlo.

Y si nos ponemos serios con el SEO -de verdad, intentaré no hablar mucho de SEO en esta guía, lo prometo- las keywords que incluyen *"comparativa..."* son una diana o-bli-ga-to-ria en un montón de nichos. Resulta obvia la conexión de esta keyword con el instrumento *tabla*.

35. LA IMPORTANCIA DEL CONTEXTO Y DEL LENGUAJE

No estoy descubriendo la pólvora. Estas -y otras muchas- son técnicas básicas en el mundo del marketing, y como tales un buen afiliado debería saber emplearlas en su beneficio.

Se puede potenciar la efectividad de un enlace o de un botón determinado si sabemos rodearlo de las palabras correctas y utilizar los términos precisos.

El diccionario y las mayúsculas son buenos aliados para el profesional de la afiliación. No es lo mismo que tu botón diga *"comprar"*, a que diga *"Cómpralo AHORA"*. O mejor aún: *"Cómpralo YA MISMO - Pulsa aquí para ver su precio"*.

Bola Extra Nº1: Palabras que ayudan a convertir: *ahora, ya, hoy mismo, actual, especial, urgente, seguro, garantizado...*

Bola Extra Nº2: Si usáis newsletters, informar a la gente de una promoción o de un descuento especial que *"se termina hoy mismo"* o que *"tiene existencias muy limitadas"* fomenta que el lector al menos lo pinche para ver de qué se trata. No hace falta ser dramáticos ni generar ansiedad y estrés continuamente, pero en momentos puntuales sí conviene recordarle al lector que espabile si no quiere quedarse sin un chollo. Debemos **transmitir urgencia** en su justa medida.

Por citar un ejemplo, yo siempre utilizo en mis botones de llamada a la acción leyendas del tipo *Compra AHORA, Compra HOY, Comprar YA, Comprueba el precio ACTUAL...* cosas de este tipo.

Como es natural, puedes conseguir mayor efectividad si testeas varias opciones y mides el CTR que logras con cada una.

Otro factor poderoso es hacerle saber al lector que, si pulsa tu enlace, puede estar disfrutando de su producto en 24 horas. **Transmite inmediatez:** anima a la gente a actuar ya mismo, en lugar de quedarse parada.

36. CUIDAR LA ELECCIÓN DE LOS COLORES DE LOS ELEMENTOS PULSABLES

Puedes jugar con los colores de tus enlaces y de tus botones, si el branding y la estética de tu web te lo permiten. Sobre todo, **testea minuciosamente los colores de los botones de llamada a la acción**. No des cosas por sentadas: prueba y mide. Si hemos dicho que el lenguaje importa, pues el color exactamente igual.

- Colores que pueden mejorar la tasa de conversión: verde, naranja, amarillo oscuro.

- Colores que pueden empeorar la tasa de conversión: azul, negro, gris.

- Colores de los que yo no me fío: el rojo. Sirve para atraer la atención, pero también genera sensaciones de alarma y peligro. Puede ser una bomba, así que mejor testearlo antes de usarlo de manera masiva en tus páginas.

Nota: tómate esto como una referencia genérica, porque la efectividad del color depende mucho del entorno y del diseño de tu web. Normalmente el mejor color es el que más destaca sobre el fondo y sobre el diseño de tu plantilla, y a la vez consigue generar confianza. Un afiliado nunca puede olvidar que tras las llamadas a la acción hay una persona que va a usar su tarjeta de crédito.

Lo importante es que no dejes las cosas al azar, y tengas claro que el color de tu botón y de tu texto puede subir o bajar décimas el CTR del enlace.

Déjame que te lo traduzca: **Décimas en el CTR = Decenas de ventas a final de mes**.

Bola Extra: ¿te has fijado en el batiburrillo de colores, de tamaños y de estilos de letra (negrita, mayúsculas) diferentes que Amazon utiliza en sus páginas de compra? Parece un caos, pero... todo tiene su porqué. Por ejemplo: un enlace en negrita siempre atraerá la atención del lector en mayor medida que otro con tipografía plana.

37. DECIR NO A LOS SLIDERS

Los sliders de imágenes disminuyen el ratio de conversión de una web. Distraen al lector, no le permiten explorar tu portal, disminuyen la efectividad de la publicidad... no están pensados para webs de afiliados.

Hay que advertir sobre ellos porque se han hecho muy populares con el paso de los años. Muchas plantillas para Wordpress los incluyen, y ya sabemos que el personal a veces emplea criterios un tanto laxos -por usar un término amable- a la hora de elegir plantilla para su web de afiliados.

Que sí, que los sliders quedan muy chulos... pero nuestro objetivo es otro.

38. NO ATOSIGAR: BE SMART

Hay que tener claro que nuestro objetivo como afiliados es *sembrar una cookie* en los ordenadores de nuestros lectores. Una cookie o sesión de Amazon dura 24 horas. No va a durar más ni va a convertir mejor por el hecho de que nuestro lector pulse veinte veces en veinte enlaces diferentes. Las cookies se sobreescriben y solo perdura la última.

Esto significa que nos interesa meter muchos enlaces en las reseñas para aumentar la probabilidad de que el usuario pulse. Pero no para que pulse muchas veces.

Si tu lector pulsa una vez en un enlace, entonces ya ha terminado nuestro trabajo. Desde el punto de vista de la afiliación, nos da igual lo que ocurra luego.

Este detalle debes tenerlo en cuenta para disponer los contenidos -y los enlaces- de la manera más óptima en cada caso. En ocasiones puede ser más eficaz un texto con muchos enlaces. En otras ocasiones, quizá es mejor dirigir de manera premeditada la atención del lector hacia un solo elemento de nuestro contenido, y aprovechar el resto del post para enlaces externos o para otros propósitos.

Resumiendo, que **no vas a convertir el triple tan solo por incluir el triple de enlaces**.

39. MANEJAR FUENTES DE INFORMACIÓN
PARA CONSTRUIR LISTAS

Que las listas o rankings de productos son un poderoso instrumento de conversión para afiliados es algo que sabe todo el mundo. Lo que quizás resulte más complicado es detectar qué tipo de rankings busca exactamente tu público, y saber qué fuentes de información manejar para ese propósito.

Aprovechar bien las listas para construir contenidos de alta conversión no consiste un hacer un ranking de *"los 10 X más vendidos en España"* y ya está. Los rankings son efectivos no cuando te los inventas tú, sino cuando los construyes **según una determinada necesidad que hayas detectado en tu audiencia**. Recuerda una premisa que venimos repitiendo desde el principio de la obra: debes amoldar tus contenidos a tu audiencia.

El proceso de construcción de rankings eficientes, a grandes rasgos, se puede resumir en estos tres pasos:

- Estudia las herramientas de analítica y estudia otras webs de tu competencia.

- Trata de averiguar qué es lo que buscan y necesitan los usuarios en tu nicho, y en particular los compradores en tu nicho. La diferencia entre *usuario* y *comprador* es sutil pero importante. Recuerda que eres, o pretendes ser, un afiliado profesional.

- Cuando hayas detectado esa necesidad, trata de transformarla en un ranking, y dale forma como contenido en tu web. Escribe un artículo, haz un vídeo, construye una tabla...

Ejemplo práctico: si se acercan las fechas navideñas, puedes construir un ranking de *"Los productos más adecuados para regalar y quedar como un señor"* que funcionará bien en casi cualquier temática.

No te quedes solo en la superficie de las listas convencionales, como "los más vendidos" o "los más baratos". Los rankings relacionados con la apariencia del producto también suelen ser muy útiles en un montón de situaciones. "Productos de color tal", "productos de acero inoxidable", "productos que se pueden usar debajo del agua", "productos para llevar de viaje"...

Sustituye "productos" por el tipo concreto de artículo que se aplique en tu nicho, y comprueba qué rankings conectan mejor con los lectores de tu sitio web.

40. UTILIZAR LOS PRECIOS EN TU FAVOR

O mejor dicho: el interés que generan los precios.

Una de las cosas que más escucho en contra de la plataforma de afiliados de Amazon, o de las webs que la emplean, es que no ofrecen el precio real del producto en cada momento. Algunos afiliados se obcecan en corregir esta realidad, dejándose en la batalla su tiempo y su energía. Existen incluso herramientas hípercomplejas y comparadores de precios que consultan todo el rato a Amazon y permiten ofrecer en tu web el coste real de un artículo concreto.

A mí no me parece tan importante ofrecer esta información con exactitud en la web.

En lugar de eso, prefiero **mantener el misterio y usarlo en mi favor**. Le digo a la gente con claridad que los precios van cambiando y que lo mejor que pueden hacer para conocer el precio en ese momento es acceder a la página del artículo en Amazon. Con link de afiliado, por supuesto.

No es casualidad que para los enlaces de afiliado de mis tablas utilice con frecuencia el texto *"Ver Precio"*.

comparativas de cafeteras, trucos, entrevistas, noticias de actualidad y ¿
¿Nos acompañas?

Bola Extra: Según los términos de Amazon, no está permitido indicar de manera manual el precio de un artículo en tu contenido, si luego intentas promocionar dicho artículo con un enlace de afiliado. Solo puedes hacerlo mediante consultas a su API.

Puede consultar este extremo en el documento de requisitos para enlaces de Amazon:

https://afiliados.amazon.es/gp/associates/promo/linkingrequirementsapr2013

41. UTILIZAR LAS LISTAS DE GAMAS DE COLORES

Muchos productos del catálogo de Amazon poseen diferentes referencias según el color del modelo, y por tanto diferente identificador ASIN. Esto quiere decir que puedes crear un enlace de afiliado distinto para cada uno de ellos.

Una forma inteligente de aprovechar esta circunstancia es incluir en tu reseña una pequeña lista resumen, con las distintas opciones de color que hay que cada producto. ¿Hemos dicho ya que a los usuarios *les encantan* las listas?

Una lista de este estilo, convenientemente presentada y aderezada con algunas palabras mágicas, funciona genial:

* *Ver el cochecito de color rojo*

* *Ver el cochecito de color azul*

- *Ver el cochecito de color verde*

- *Ver el cochecito de color naranja*

- ...

Si tu lector realmente quiere comprar el producto, es prácticamente seguro que pinchará en algunos de esos enlaces, si no en todos, para ver qué pinta tienen esos colores.

Bola Extra: no muestres a tus lectores fotos de los productos con todos los colores. Mejor diles que hay mucha variedad, y que pinchando en cada enlace de compra podrán ver el aspecto de cada color de manera individual.

Recuerda que solo puedes hacer esto si realmente cada enlace lleva a una ficha con un producto de color distinto. Hacer otra cosa sería engañar al usuario, y eso no le gusta a Amazon.

42. POTENCIAR LA PÁGINA DE INICIO

Normalmente, la Home Page o página principal de un sitio web no es el lugar al que más visitantes llegan. Es un área importante de cara al *branding*, o imagen de marca, pero poco más.

Sin embargo, cuando un usuario tiene intención real de comprar algo, es mucho más probable que pase más tiempo en tu página, que navegue por distintas áreas del portal, que acceda a otros productos o a otros artículos, y que se afane por encontrar pruebas de que tu web es un sitio de autoridad. Querrá comprobar, en definitiva, si las informaciones sobre las que va a basar su compra son fiables. Nunca olvides que detrás de cada lector hay una tarjeta de crédito. La gente, como es normal, se toma estas cosas muy en serio.

Así que no cometas el error de descuidar la optimización de tu página de inicio solo por el hecho de que no reciba mucho tráfico. Quizá ese tráfico sea más cualificado y más intencional que el tráfico promedio del resto del sitio.

En resumen: cuanto más se aproxime tu visitante a un perfil de *comprador*, mayores opciones hay de que visite tu Página de Inicio.

Esta es una razón de peso. Otra razón para prestarle atención a la *Home* es que cuesta lo mismo tener una página de inicio optimizada -en términos de afiliación- que una página de inicio vulgar. ¡No la descuides!

A modo de consejo, diremos que la página de inicio de una web de afiliados es un lugar excelente para agrupar las ofertas de tus productos clave, y para presentar elementos visuales (tablas, rankings, información ordenada) de alta conversión. No en vano, todas las plantillas profesionales de WordPress para marketing de afiliación te permiten construir páginas de inicio brutales, a partir de estas mismas premisas.

43. OPTIMIZAR AL MÁXIMO LAS PUERTAS DE ENTRADA A TU WEB

Cuando una web adquiere cierto tamaño -pongamos por ejemplo varios centenares de artículos- es inviable monitorizarlos con precisión y mantener una optimización completa en cada uno de ellos. La familia crece... y no se puede alimentar ni cuidar por igual a todos los hijos.

Cuando esto suceda, lo recomendable es aplicar el principio de Pareto. Como diría este economista italiano del siglo XIX: *"el 20% de tus páginas aglutina el 80% del tráfico de entrada a tu portal"*. Así que céntrate en tener optimizadas al máximo las *puertas de entrada* a tu web.

Debes tener clara la diferencia entre *Puertas de Entrada* y *Páginas más Vistas* de tu web.

Las *Puertas de Entrada*, o Páginas Destino, son las URLs en las que un lector *aterriza* cuando llega a tu web. Una vez que ha llegado a esa primera URL, después puede navegar y visitar otras muchas páginas de tu sitio, pero la *Página de Entrada*, o Página Destino es únicamente la primera.

Los posts que denominamos *Puertas de Entrada* sí deberías seguirlos de cerca y tenerlos optimizados al máximo. Más optimizados de lo normal, incluso. Piensa que tus lectores aterrizan en tu web a través de ellos. Dales la mejor imagen posible a estos visitantes... y asegúrate de que tus puertas de entrada tengan la tasa de conversión por las nubes. Revísalos de vez en cuando, y no dudes en actualizarlos o ampliar su contenido cuando sea necesario.

Como ya hemos dicho, *Puertas de Entrada* y *Páginas más Vistas* en una web son conceptos diferentes. En ocasiones puede que coincidan, o puede que no. Yo recomiendo optimizar al 100% en primer lugar las Puertas de Entrada, porque es la primera impresión que el visitante se va a llevar de tu sitio. Pero si te puedes permitir hacer lo propio también con las Páginas más Vistas, mejor que mejor.

Por supuesto, todas las webs tienen puertas de entrada, y necesitarás poseer algún conocimiento básico de analítica para saber cuáles son.

Bola Extra: Una forma rápida de conocer cuáles son las puertas de entrada a tu blog es hacer la siguiente consulta en Google Analytics:

Comportamiento ➡ *Contenido del Sitio* ➡ *Todas las Páginas,*

y ordenar por la columna "Entradas".

Para calibrar la importancia de una puerta de entrada en tu sitio web, no te fijes solo en el valor de esta columna (número de entradas), sino sobre todo en el porcentaje que aparece a su derecha. Ese numerito te estará diciendo qué porcentaje de tus lectores acceden a tu web desde una determinada página o *puerta de entrada.*

44. HACER RECOMENDACIONES O VENTAS CRUZADAS

Las ventas cruzadas constituyen una de las principales técnicas que emplea Amazon para aumentar su volumen de negocio y sus cifras de ventas. ¿Por qué no aprovecharla nosotros también?

- El primer paso debe ser identificar cuándo un usuario tiene ya la intención de comprar algo.

- El segundo paso es conocer qué otros productos interesan a los compradores de un producto concreto.

Cuando conozcas estas dos cosas, no te cortes y ofrece recomendaciones. La filosofía que debes transmitir es: si te vas a comprar esto, entonces te interesa también esto otro.

Ejemplo práctico: ¿Conoces a alguien que tenga un ebook y no tenga una funda? No, ¿verdad? Yo tampoco. Sabes que los lectores de la reseña de un ebook también van a necesitar fundas para protegerlo. O, sin ir más lejos, los populares libros para colorear (un nicho fantástico, dicho sea de paso, para aprovechar una tendencia muy de moda) suelen ir acompañados en Amazon por una caja de lápices de colores.

Bueno, pues tu tarea como afiliado debe ser *identificar* esas necesidades en tu nicho, y *acercar* esos productos adicionales a tus lectores. Procura que hagan esa compra adicional en ese momento y desde tu mismo pedido... y no varios días después de la compra original. Háblales de esa necesidad, cuéntales las estupendísimas ventajas que tienen esos productos extra, o las terribles dificultades que van a atravesar si no los adquieren...

En algunos casos esta venta cruzada puedas obtenerla igualmente, sin hacer nada. Pero no cuesta nada facilitar el trabajo y darle un pequeño empujón a tu comprador. Además, si eres hábil, sabrás aprovechar estas recomendaciones para añadir keywords relacionadas con la tuya principal (sí, ya está aquí otra vez el maldito SEO metiéndose por medio).

Puedes promover las ventas cruzadas de muchas formas: añadiendo texto adicional con enlaces integrados (preferiblemente al final de tus reseñas), usar popups o ventanas emergentes que se activen en un determinado momento y dirijan hacia una *landing page*, emplear banners o imágenes como si de un anuncio se tratara... esto ya depende de lo que te quieras complicar y de la complejidad técnica que puedas asumir.

La efectividad de las ventas cruzadas tiene que ver con los productos que sugieras, pero también con hacer las sugerencias en el momento exacto: ni antes ni después.

Bola Extra: el verbo *"necesitar"* funciona muy bien en estos casos.

45. DISPONER DE MEDIOS PARA INFORMAR DE PROMOCIONES FUGACES

Las grandes campañas comerciales, ya sean estacionales (Navidades, Día de la Madre...) o puntuales (ofertas de lanzamiento, descuentos especiales de una marca...) son momentos en los que las ventas se disparan a todos los niveles. No en vano, Amazon es uno de los mayores impulsores mundiales del evento del *Black Friday*, el viernes siguiente al día de Acción de Gracias, que ha traspasado las fronteras de Estados Unidos para convertirse en un acontecimiento comercial de alcance mundial.

También son habituales y efectivas las promociones especiales que una marca hace con un producto concreto, en plan *"lo bajamos a mitad de precio durante 3 días"* o *"te regalamos esto si compras esto otro"*.

A los usuarios les encantan estas ofertas (¿y a quién no?)

Pero... hay un problema. **La mayoría de tus lectores no visita tu web a diario,** ni siquiera lo hace con cierta frecuencia. Llegan una vez a través del buscador de Google, obtienen lo que buscan, con suerte hacen alguna compra, y se van. Y no vuelves a saber de ellos. Nunca.

Así que hacer un anuncio en tu web suele ser tan eficaz como poner un altavoz en el desierto.

Si te quieres aprovechar del tirón que tienen las grandes rebajas o las ofertas especiales que las marcas lleven a cabo en tu nicho, necesitas disponer de medios para comunicarte con tu audiencia en tiempo real. Una newsletter, una comunidad de Facebook, una buena presencia en redes sociales... elige la más te convenga o la que mejor se adapte a tu negocio.

La forma es lo de menos. Lo que importa es poder comunicar al momento la existencia de una promoción irresistible.

46. CUIDAR LA TIPOGRAFÍA (NO, NO DA LO MISMO)

Vamos a meternos en un asunto con un pelín de carga técnica, pero me parece realmente algo importante y que no todos los afiliados cuidan. A los profesionales del diseño web y las artes gráficas seguro que este apartado les sonará más familiar.

Para situarnos, comencemos por repasar nuestro embudo de ventas: primero, un visitante entra a la página. En la página hay contenidos (reseñas, artículos, consejos) con mucho texto. Dentro de los textos insertamos enlaces de afiliado. Nosotros ganamos dinero si el visitante pincha en los enlaces y luego hace compras.

Hasta aquí todo claro, ¿verdad?

Ahora vienen las consecuencias derivadas de este flujo de comportamiento: necesitas que la gente lea tus textos, para que vean todos tus enlaces, y por tanto tengas más opciones de que pulsen alguno. Traducido: **un enlace que no se ve, no se pulsa.**

La conclusión es inmediata: debes facilitar en todo lo posible que tus visitantes lean tus textos completos. Y para ello debes evitar que se cansen leyendo. Si captas a muchos lectores, pero tus textos cansan, tu trabajo de afiliado se irá por el retrete.

¿Qué elemento incide de manera capital en la fatiga lectora? La tipografía. Así que cuando construyas tu web atiende, sobre todo, a estos cinco elementos:

- El interlineado.

- El tamaño de letra.

- El tipo de letra (fuente).

- La separación entre párrafos.

- y el *kerning* (separación entre caracteres).

No hay un factor más importante que otro. Debes combinarlos y equilibrarlos todos para que tus textos sean lo más legibles que te sea posible. Pero nunca los dejes al azar. Uno solo de ellos puede arruinar el conjunto y convertir a tu web en un pastiche infumable más allá del primer párrafo.

Por ejemplo: hay tipos de letra que predisponen al lector en un sentido o en otro. Los párrafos deben estar *ligeramente* separados (con mucha sutileza) para no cansar a la vista. Un interlineado correcto puede oxigenar tu texto y darle vida. Una fuente muy pequeña o una fuente muy grande aburren en la misma medida. El tamaño de la fuente en los encabezados h2 y h3 debe ser *suficientemente diferente* del tamaño que uses en el texto normal. Y así podríamos seguir con mil detalles más.

Recuerda: cuesta lo mismo tener una web cómoda que una web incómoda de leer. Y si la lectura es incómoda, la efectividad de tus enlaces de afiliado se desploma.

47. MENCIONAR LAS ACCIONES
QUE QUIERES QUE EL USUARIO REPLIQUE

Esta es una técnica de conversión básica: utiliza la psicología. Si mencionas en tu texto o hablas de las acciones que realmente quieres que el lector termine realizando (en nuestro caso, pulsar en un enlace o en un botón), la lectura y posterior visualización del resultado de la acción ejercerán un poderoso influjo sobre la conducta del observador.

... Vale, vale, lo traduzco:

Si tu usuario lee continuas menciones a *"pinchar tal enlace..."*, o *"pulsar tal botón..."*, hay muchas posibilidades de que su atención se dirija de manera inconsciente a ese elemento, y acabe replicando la acción que ha leído antes.

Algunos ejemplos prácticos:

- *"**Cuando pinches en el botón de compra**, te darás cuenta de que el precio de este artículo es mucho menor que el de otros de su misma gama..."*

- *"**Al pinchar en el enlace** vas a poder comprobar cómo el stock de este artículo es muy escaso, y en ocasiones ni siquiera está disponible..."*

- *"**Pulsando sobre el enlace que verás más abajo** podrás acceder a otras muchas opiniones de usuarios que ya han comprado este artículo..."*

Se trata de una manera sencilla y efectiva de mejorar algunas décimas el CTR de un determinado enlace de afiliado, o la tasa de conversión de una reseña.

48. CADA TIPO DE POST AYUDA A UN OBJETIVO

Así es. Uno de los errores más comunes del afiliado principiante es **no saber atacar los contenidos correctamente**. Hay múltiples ideas para construir un post, y cada una de ellas nos ayudará a conseguir un objetivo determinado.

- Las **reseñas de productos** nos ayudarán a convertir y a generar ventas directas.

- Los **artículos** (posts) convencionales nos permiten atacar un sinfín de keywords relevantes y resolver problemas de nuestros lectores. Funcionan bien como captadores de tráfico, aunque no necesariamente sean buenos conversores.

- Los **rankings** o listas son un tipo de post híbrido, que mejora el CTR del portal y que puede convertir muy bien si andamos listos en el uso de los enlaces. Pero, sobre todo, son excelentes *posts-gancho* que funcionan muy bien en redes sociales y son susceptibles de convertirse en virales.

- Las **comparativas** nos ayudan a resolver problemas muy demandados de nuestros lectores, y también son estupendos *posts-gancho*, como los anteriores. Un buen tema de WordPress, optimizado para afiliación, puede ayudarte a que tus posts de comparativas sean además excelentes conversores.

- Las **páginas**: si sigues una estrategia SEO muy definida, te puede interesar usar páginas 100% transaccionales para atacar un conjunto de keywords determinado. Es decir, exponer tus productos y poco más. Al no admitir comentarios, las páginas te permiten controlar mejor la densidad de palabra y otra serie de parámetros sobre los que no voy a profundizar -recuerdo que este no es un libro de SEO-.

- Las páginas de **marcas**: esta es una jerarquía de categorización que nunca se nos debería pasar por alto en una web de afiliados. La gente busca los productos de tal o cual marca, quiere saber qué marca es mejor que la otra, o es seguidora habitual de una marca en concreto. Muchas veces la información fluye a nivel de marca, no a nivel de producto.

Podría añadir más, pero estos son los tipos de posts que yo uso principalmente.

Ten claro cuál es el proposito de cada uno, y elabora un plan editorial que los incluya a todos en la proporción adecuada. Las reseñas de productos deben ser la base de tu estrategia, pero nunca captarás tráfico a gran escala si renuncias a escribir artículos de otro tipo.

Utilizar diversos tipos de artículo también te ayudará a categorizar y organizar la información de tu web de la manera más eficiente (desde el punto de vista de Google, y desde el punto de vista del afiliado).

49. DAR A TUS LECTORES LO QUE NO TIENE AMAZON

Una manera efectiva de diferenciarse de tus competidores es aportar más valor que ellos. Y sí, muchas veces un afiliado topa con la paradoja de que la propia web de Amazon sea su principal competidor a la hora de captar usuarios. Si basas tu tráfico web en el posicionamiento, es muy posible que las webs de las grandes tiendas online (no solo Amazon, sino también Zalando, MediaMarkt, Redcoon, El Corte Inglés, por citar solo algunas) te *roben* bastantes visitas, sobre todo al principio, porque aparecen delante de ti en las páginas de resultados de Google.

¿Qué hacemos entonces? ¿Luchamos contra ellos? En mi opinión eso es una batalla perdida salvo que seas un SEO profesional. Me parece más interesante *dar un paso al lado,* y centrarse en **ofrecer a los lectores todo aquello de lo que estas grandes plataformas de venta online carecen**. A la larga, los usuarios lo agradecerán y la gente sabrá encontrarte.

¿Y cuáles son esas carencias? Pues casi todo lo relacionado con **el contenido**. Las grandes tiendas generalistas venden decenas de miles de artículos diferentes en todos los sectores al mismo tiempo. Venden literalmente *de todo*. Para ellas es imposible ofrecer descripciones extensas, personalizadas y minuciosas para cada producto individual. Todas se limitan a dar los datos básicos del producto, sin ningún tipo de mimo, que para más inri suele ser exactamente el mismo extracto en todas (porque es la información estándar que les aporta el fabricante). Ni hablar ya de vídeos ni de análisis comparativos. Ni mucho menos pretender encontrar en ellas una opinión formada o un punto de vista instruido como expertos en cada producto. Su foco está en la venta, no en la información.

Y justamente aquí es donde las páginas nicho pueden comerle mucho terreno a los gigantes del comercio mundial. En el **valor añadido** y en el **posicionamiento como expertos** para un conjunto específico de productos. Un conjunto mucho más pequeño que el que manejan las grandes cadenas.

La gente no llega a las tiendas online generalistas con la intención de consumir información. Cuando accede a ellas, lo hace ya únicamente para cerrar el trámite de pagar y adquirir el producto. No las veas como un enemigo: aprovéchate de las cosas que hacen mal. Para obtener información rigurosa, especializada y humana, los usuarios *deben* encontrar tu web.

Dales a tus lectores una información realmente única en la red, procura que la consuman íntegra, y después ya sí, amablemente *les abres la puerta* y les enseñas el camino para que se vayan a Amazon (o al centro donde estés afiliado) a completar su compra.

50. ESTRATEGIA DE LOS POZOS DE PERFORACIÓN

Contar con una sólida **estrategia de contenidos** -la que sea- ayuda a evitar los tiempos muertos, a ordenar el trabajo, y a no tener que pararse a pensar qué es lo siguiente que tienes que hacer. Una premisa básica no solo en el marketing de afiliación, sino en cualquier negocio online basado en contenidos. Y es que demasiada gente flaquea en este punto. Sentarse frente al monitor, sin un objetivo claro, es sin duda el camino más corto hacia la jaula de la procrastinación.

Como afiliados, además, necesitamos tener una guía clara que nos diga qué artículos vamos a promocionar en nuestra web y en qué orden, y nos evite tener que luchar siempre contra una gran cartulina blanca llena de opciones. Promocionar artículos *al tun tun* resulta, por igual, poco inteligente y poco efectivo.

La estrategia de contenidos que yo aplico en mis proyectos lleva por nombre *"los pozos de perforación"* -sí, el nombre me lo he inventado por completo- y consiste en lo siguiente:

Paso 1: En primer lugar, escojo un tema dentro mi nicho y profundizo sobre él todo lo posible (**Estructura Vertical de Contenidos**). Puede ser un tema más grande o más pequeño, pero lo importante es centrarse en él y olvidarse del resto de cosas. Como es lógico, tendrás que hacer tus investigaciones para saber cuál es el tema más conveniente para empezar en tu nicho.

La cuestión ahora, a corto plazo, es **profundizar**.

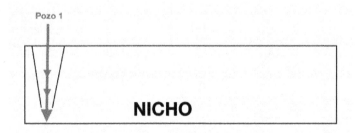

Paso 2: Cuando considero que ese primer tema está agotado o que ya no me compensa escribir más sobre él, doy un *paso lateral*: descubro otro tema dentro de mi nicho y hago lo mismo. Piensa en cada temática como un *pozo de perforación*. Y piensa en todo el sitio web como una sucesión de varios pozos puestos en fila (**Estructura Horizontal de Contenidos**). Yo solo escarbo un *pozo* cuando considero que he agotado el anterior. La fila de pozos va creciendo, por supuesto. La cuestión, a medio plazo, es **ampliar miras**.

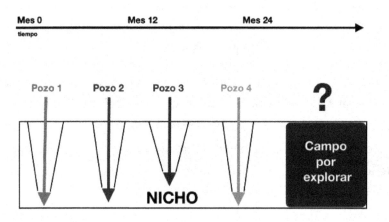

La idea sobre la que gira toda la estrategia es que, en el momento en que decido entrar en un nuevo *pozo*, la web cuenta ya con cierta autoridad, antigüedad y contenidos dentro del nicho que los relaciona a todos. Me parece más importante hacerse un hueco en una temática concreta del nicho -un pozo-, antes que antes que dispersarse y comenzar a escribir artículos muy genéricos y competidos desde el primer momento.

Así que si atacas un tema -*escarbas un pozo*- en tu web, hazlo con garantías o estarás perdiendo el tiempo.

- Y... ¿Cómo se aplica esto en el mundo real? ¿Cómo traduzco un "pozo" a "artículos"?

Como es natural, una estrategia de contenidos no puede construirse solo bajo un único tipo de artículos. Es necesario dominar varios tipos de artículos diferentes, y combinarlos en su justa medida como hemos visto en uno de los apartados anteriores.

Aquí van algunas pistas sobre cómo atacar una temática (o *pozo*) en una página que se pretende monetizar mediante marketing de afiliación:

- **Analiza.** Haz reseñas exhaustivas de los productos más relevantes sobre esa temática. Los que te darán comisiones. Cuéntale a la gente todo aquello que nadie les cuenta.

- **Compara** los productos que acabas de analizar. Por marca, por modelo... hay muchas maneras. Investiga qué es lo que más demandan tus usuarios.

- **Entrelaza**. Crea artículos de opinión relevantes alrededor de los productos. Enlaza a tus productos de manera coherente, menciónalos en otras áreas de la web, dótales de una estructura de navegación lógica (menús, categorías, etiquetas)... cohesiona todo el material que acabas de crear.

Si lo has hecho bien, al cabo de un tiempo tendrás un ramillete de varias decenas de artículos que hablan de una misma temática dentro de tu nicho, que repiten un conjunto de varias palabras clave relacionadas, y que están enlazados entre sí de manera coherente y natural.

¡Felicidades! Ya tienes un *pozo*.

Con un solo *pozo* de tu estrategia de contenidos seguramente no tengas una gran web... pero sí habrás dado el primer paso para tenerla más adelante.

La última fase de la estrategia no es otra que **replicar** el paso 2 en toda la amplitud que tu temática te permita.

51. UTILIZAR UN CALENDARIO EDITORIAL

Sin una planificación editorial no se va a ninguna parte. No opino: lo afirmo. Y recomiendo contar con dicha herramienta desde el principio, antes de empezar el trabajo. La procrastinación es uno de los grandes enemigos de cualquier *blogger*, y el calendario editorial es el mejor antídoto contra ella.

Un calendario editorial no es más que un sitio donde **anotas** de manera ordenada los artículos, ideas o temas sobre los que vas a escribir, y donde **consultas** antes de ponerte a trabajar en tu siguiente artículo. Anotar y consultar: los dos pilares básicos de una planificación editorial eficiente.

Yo soy un poco rústico para estas cosas, la verdad. Últimamente mi calendario editorial ha evolucionado hacia una hoja de cálculo, pero no hace mucho era un simple cuaderno de papel con casillas que iba tachando con un boli. No aconsejo a nadie hacerlo ni de esta forma ni de cualquier otra. Existen también herramientas online, plugins para WordPress... aquí cada uno puede complicarse la vida tanto como quiera. Solo quiero incidir en que el método o la forma de construir tu calendario no es lo más importante. Lo importante es hacerlo.

Necesitas un calendario editorial, necesitas que sea efectivo, y necesitas por encima de todo ser honesto con él.

Aquí van algunas pistas para empezar a construirlo, siempre enfocándonos en una página web de afiliados sobre una determinada temática. Para darle forma, como es lógico, vamos a basarnos en la estrategia de los pozos de perforación que explicamos en el apartado anterior.

Paso 1: Revisa la estrategia de la torre de perforación que acabamos de explicar, y céntrate en el primer *pozo*. Es hora de traducir esa estrategia abstracta a artículos de verdad, con título y cuerpo concretos.

Detecta y anota un conjunto de 20-25 posts básicos. Estos serán el *núcleo* de tu página web, al menos durante el primer año de vida del proyecto. Quizás algunos de ellos lo sean ya para siempre. Así que elige con tino y dedícales tiempo. Por ejemplo, puedes hacer 15 reseñas de los productos más importantes de tu nicho, 2 o 3 comparativas de los productos o marcas más populares, un par de guías de gran extensión, o algunos posts informativos resolviendo dudas o problemas muy comunes que veas que la gente pregunta con frecuencia en Internet.

Importante: procura sintetizar y quedarte con un máximo de 25 artículos o temas importantes. Si ahora anotas a lo loco cualquier cosa que te parezca, corres riesgo de dispersión y tendrás problemas para priorizar. Estás empezando: ve al grano y habla solo de lo esencial. Tu objetivo es poner la web en marcha cuanto antes.

Paso 2: Una vez escritos y publicados dichos artículos -no necesariamente tienes que haber terminado un *pozo* con ellos- y durante los primeros meses de vida del proyecto, analiza el tráfico de tu web y qué tipo de consultas hace la gente para llegar a ella. Detecta si hay preguntas o temas importantes que no habías cubierto hasta la fecha. Aprovecha también ahora para escribir grandes guías o artículos de gran extensión. Estás en una fase del proyecto en la que no es importante seguir un flujo continuo de publicaciones (Google todavía no te está haciendo mucho caso), y puedes permitirte dedicar varias semanas a construir *posts geniales*. Tampoco dejes de anotar, ahora sí, ideas o artículos menos importantes para irlos escribiendo de cara al futuro.

En esta fase, tu calendario editorial puede crecer tanto como necesites. No te asustes si te salen contenidos suficientes para programar los próximos cinco o seis meses de trabajo. Eso será genial.

Yo suelo **dividir mi calendario editorial en dos mitades**: una con los artículos *inmediatos*, que tengo claro que voy a escribir próximamente (con fecha de publicación preasignada). Y luego una segunda mitad a modo de *cajón de sastre*, donde anoto artículos que me parecen interesantes pero que no voy a escribir en fechas próximas. En líneas generales, la primera mitad se alimenta de la segunda. Las excepciones son artículos o productos que, por su urgencia (alta demanda, nuevos lanzamientos, etcétera), considero que deben publicarse al momento y saltan directamente a la primera plana sin pasar por el cajón de la reserva.

Paso 3: En este punto ya debes llevar varios meses de trabajo y debes haberte acostumbrado a manejar tu calendario editorial. Has establecido tu propia dinámica de trabajo, tus propias fuentes de información, y demás. En teoría, este es un buen momento para *dar un paso lateral* y comenzar a replicar la estrategia de la torre de perforación que ya hemos explicado. Abre tu mente, ataca nuevas temáticas diferentes pero relacionadas con la primera, expande contenidos... es tiempo de que tu web crezca en horizontal y no solo en vertical.

A partir de ahí, el ritmo de trabajo te lo marcas tú y las ideas irán saliendo solas, siempre y cuando seas listo y sepas analizar tanto las métricas de tu página como la demanda de tu nicho. La primera piedra ya la tienes puesta.

- ¿Y todo esto de verdad sirve para algo?

Bueno, tan importante es saber construir esta planificación, como llevarla al día y conseguir que sea efectiva. Al principio de este apartado comentaba que **debemos ser *honestos* con nuestro calendario**: no es necesario cumplirlo a rajatabla -nadie lo hace-, pero sí emplearlo como guía para ordenar nuestro trabajo diario y eliminar el riesgo de los tiempos tiempos muertos y el síndrome de la hoja en blanco. No se trata solo de producir contenidos y promocionar productos, sino de hacerlo de una manera eficaz.

Un último consejo antes de concluir este apartado: **lo más importante es la constancia.**

No te obsesiones con la cantidad de artículos que escribas, ni con el número de productos que vayas a promocionar en la fase inicial del proyecto. Lo fundamental, y lo difícil, es conseguir llevar el mismo ritmo de publicaciones en el mes seis, que en el mes doce, que en el mes veinte, que en el treinta. Eso significará que tu web está viva, y que tu calendario editorial te ha ayudado a optimizar el trabajo.

IV. EL CATÁLOGO

El catálogo de Amazon es enorme: contiene decenas de miles de referencias, que además se actualizan de manera continua. En este capítulo ofrecemos consejos para saber usarlo de manera eficaz y escoger los productos más adecuados para nuestras promociones.

52. CONOCER BIEN TUS PRODUCTOS
Y CÓMO LOS CATEGORIZA AMAZON

¿Hemos dicho ya que el sistema de informes y categorizaciones de Amazon es un poco desastre?

Yo siempre aconsejo estudiarse de memoria las áreas y categorías en las que vamos a trabajar, y también las que afecten de manera indirecta a nuestro nicho. No es raro encontrarse sorpresas.

Por citar un ejemplo: en mi caso hay una minoría de productos que Amazon categoriza en la sección <u>Hogar</u>, mientras que la mayoría están incluidos en <u>Cocina y Menaje</u>. No hablo de productos diferentes, sino de los mismos productos. Parece absurdo, pero es real.

La cuestión no pasaría de mera anécdota si no fuera porque los primeros tienen un 7% de comisión y los segundos un 5% en la estructura actual. Traducido: los primeros son un 40% más rentables que los segundos.

Mucho ojo: la categorización de productos que Amazon tiene en cuenta para sus informes, no siempre coincide con la que los usuarios podemos ver en la tienda. Es un lío, sí. No incidiremos otra vez en lo laberíntico que resulta moverse por el catálogo de Amazon.

53. CÓMO ELEGIR (Y CÓMO NO ELEGIR) LOS PRODUCTOS PARA PROMOCIONAR

A la hora de elegir qué productos vamos a reseñar en nuestra web, sobre todo al principio, uno de los instrumentos que solemos utilizar los afiliados son las **listas de ventas de Amazon**, que se pueden consultar para cada categoría del catálogo.

Ejemplo:

Lista de los productos más vendidos en la categoría Dispositivos GPS

http://www.amazon.es/gp/bestsellers/automotive/2906927031/ref=zg_bs_nav_auto_1_auto

Estas listas constituyen un buen punto de partida a la hora de crear contenidos, pero conviene saber algunas cosas antes de echar mano de ellas. Atiende a los siguientes consejos si quieres manejar las listas de ventas de Amazon con eficacia:

- **No te conformes con la primera página.** Amazon divide sus listas de ventas en 5 páginas de 20 productos cada una (máximo 100 artículos), pero te equivocas si piensas que la primera página contiene los 20 productos más vendidos. Muchas veces, estos 20 primeros lugares los ocupan 5 o 6 productos iguales, que simplemente difieren en el color o en un pequeño detalle. Cada uno de ellos tiene un identificador distinto en el catálogo de Amazon, y por eso en las listas aparecen como entidades diferentes. Mejor repásate al menos los 60-80 items más vendidos.

- **Las listas se actualizan casi en tiempo real**, varias veces al día. ¿Qué significa esto? Pues que la lista que estás viendo ahora puede ser engañosa. Sería genial poder consultar en Amazon una lista de *"los más vendidos de este mes"*, pero por desgracia aún no existe. Tal y como funcionan las listas ahora mismo, te puedes encontrar de un día para otro con un producto nuevo situado entre los 10 primeros lugares, luego verlo en la cuarta página del listado, al ía siguiente desaparecer por completo de la lista, para después volver a entrar...

- **Debes monitorizar con frecuencia las listas que más te interesan.** Si piensas que puedes meter en tu web todos los productos de una lista, y con eso tener ya cubierto el espectro de artículos más populares, estás equivocado. Muchos productos desaparecen de las listas al cabo del tiempo, otros aparecen durante un corto espacio, otros entran y salen... pocos casos encontramos de productos que realmente permanezcan en una lista de ventas para siempre.

- **La categorización de Amazon es imperfecta**. He avisado de este peligro en el anterior punto de la guía. A veces se les cuelan productos que pertenecen a otra categoría, o artículos que no tienen nada que ver con el área que estamos consultando. Ándate con ojo porque muchos errores saltan a la vista, pero otros no tanto... sobre todo si estamos empezando y no dominamos del todo nuestro nicho.

- **No todos los artículos merecen la pena**. Así es: el hecho de aparecer en la lista de más vendidos de una categoría no significa que ese producto sea muy popular. Puedes estar viendo una posición ficticia (ojo: ficticia no significa *falsa*). Ejemplo: si alguien adquiere en una sola compra muchas unidades de un producto concreto, quizá ese producto suba como la espuma en la lista de ventas durante algún tiempo. Y a lo mejor es un producto que no conoce nadie, ni se demanda, ni nada. Yo he visto productos desconocidos aparecer durante algunos días en la primera página (top20) de su categoría... y después desaparecer para siempre.

- **No todas las categorías son iguales.** Hay categorías muy pobladas, con cientos de productos distintos, donde la lista de ventas es un buen instrumento de referencia. En cambio, en una categoría pequeñita de 50 productos apenas verás cambios a lo largo del tiempo... y posiblemente los últimos productos de la misma no tengan relevancia alguna en el mercado.

- Derivado de los puntos anteriores, y como regla general... **conviene cotejar con herramientas SEO la popularidad de un producto determinado**.

54. ALGUNOS PRODUCTOS
TIENEN VERSIONES USADAS O REACONDICIONADAS

... y se venden, claro está.

Y en tu panel de afiliados no se te avisa en ningún momento de qué producto concreto has vendido a través de tu web.

No será la primera vez que uno da saltos de alegría porque ha vendido un sistema de sonido carísimo, y luego se encuentra con que el producto vale menos de la mitad de lo que pensaba... porque en realidad lo que compró el usuario era el modelo de segunda mano.

ibre › Running › Pulsómetros

Garmin Forerunner 410, Monitor de ritmo cardíaco, 124 x 9 1.06 "), 48 x 16 x 71 mm, 60 g, Windows XP Mac OS X, Ne de Garmin

☆☆☆☆☆ ▾ 131 opiniones de clientes   **A lo mejor vendes este**

Precio: EUR 298,40
Precio final del producto

Sólo queda(n) 4 en stock.

Vendido por Myma Enterprises UK. Gestionado por Amazon. Se puede envolver para

Nuevos: 2 desde EUR 298,40 | De 2ª mano: 1 desde EUR 190,00

- Los controles táctiles funcionan bajo cualquier condición meteorológica
- Recopila 30 tipos de datos diferentes
- Virtual Partner® representa digitalmente tu objetivo de ritmo
- Compatible con un monitor de frecuencia cardiaca
- Planifica, consulta y comparte carreras en Garmin Connect(TM)
- Cargas inalámbricas

Hay un nuevo modelo de este producto:

Bola Extra: los productos reacondicionados (no confundir con productos de segunda mano) suelen ser verdaderas gangas, y pueden funcionar muy bien con la técnica de *crear urgencia*, en combinación con una newsletter y cosas así. Ya sabes, un email en plan *¡Ofertón!* o *¡Corre que se acaba!*

Las secciones <u>Outlet de Amazon</u> y <u>Amazon Reacondicionados</u> suelen pasar desapercibidas, y son una fuente genial de ideas de este tipo.

55. DIVERSIFICAR LOS PRODUCTOS QUE PROMOCIONAS

No te conformes con tener éxito en un producto concreto, o en un único genéro de productos. Es un riesgo. Yo no estaría tranquilo si la mayoría de mis ingresos -aunque fuesen muy altos- procedieran de 3 o 4 productos determinados.

El catálogo de Amazon es un organismo vivo. Los productos desaparecen, se descatalogan, entran y salen del stock... todo el rato. Y todo esto sucede sin que tú te des cuenta.

Tú pones un enlace de afiliado en tu web y no tienes forma de saber si dentro de seis meses sigue activo o no. Puedes monitorizarlos, por supuesto, pero si tienes una web con miles de productos y enlaces distintos... pues la cosa ya no es tan sencilla.

Incluso el valor de cada producto cambia. Puedes tener mucho éxito con un modelo concreto, y a los pocos meses resulta que su marca saca un modelo nuevo y el que tú estabas promocionando pasa a costar la mitad. O que la marca cierra y desaparece del mercado. O que se fusiona y cambia de nombre, y entonces la keyword que te estaba trayendo tantas visitas para un producto concreto ya no vale para nada.

No estoy elucubrando, estoy contando ejemplos reales que me han ocurrido a mí :-)

Y no hablemos ya de la propia estructura de comisiones de Amazon, que puede cambiar sin previo aviso -o a lo sumo con 2 o 3 semanas de antelación- y bajarte a la mitad las comisiones que obtienes dentro de una categoría concreta.

El pasado 1 de mayo de 2016 tuvo lugar el último gran cambio en las comisiones del programa de afiliados de España (ya sabes que la estructura de comisiones varía según el país). Tras esta modificación, algunas categorías subieron o bajaron del 5% al 7%, o del 5% al 3.5%. Quizá cuando lo lees así no parece un cambio relevante. Pero pasar del 5% a 7% en la estructura de comisiones supone un cambio del 40% en el dinero que tú te llevas. El 40%, repito. De un plumazo.

Por muy bien que te vaya el negocio, no olvides que en el programa de afiliación de Amazon hay un gran número de variables que escapan a tu control.

Si trabajas con Amazon: cuantos más productos distintos, mejor; cuantas más marcas, mejor; y cuantos más modelos, mejor.

56. LEER TODAS LAS OPINIONES DE LOS PRODUCTOS QUE PROMOCIONAS

Las opiniones de otros clientes o compradores, que Amazon incluye en cada ficha de producto, tienen una misión fundamental: incentivar la compra de sus lectores.

No las dejes de lado.

Puedes escoger si incluirlas como tal en tus reseñas de productos, o no. Yo personalmente no lo hago. Me resulta más útil leérmelas todas y usarlas como valiosa fuente de información, que luego deberá pasar por mi filtro y por mi redacción para complementar mis artículos. Es más trabajo, pero considero que a la larga aporta más valor.

En cualquier caso, si quieres conocer a fondo un producto debes prestar atención a las opiniones de otros compradores. En ocasiones son mucho más completas que los propios datos que vienen en Amazon, y te sacan de un gran apuro cuando el producto que quieres promocionar no dispone de una web fiable donde consultar sus prestaciones.

Bola Extra: Utilizar en tu favor las opiniones de los clientes te facilita la inclusión de keywords muy valiosas como *"opiniones"*, *"comentarios"* o *"valoración"*. Un comprador siempre quiere conocer la opinión de otros compradores. ¡Ouch! ¡Otro maldito consejo SEO!

57. PROMOCIONAR PRODUCTOS CAROS...

Esto tiene todavía más sentido desde la retirada del límite de 10€ en España, vigente desde el 1 de mayo de 2016, pero seguiría recomendándolo aun con el antiguo límite.

Abordamos aquí el prolongado debate entre la conveniencia de promocionar productos muy caros o productos muy baratos, bajo el supuesto de que un producto barato siempre se va a vender más.

A mi juicio no hay debate posible, pero intentaré argumentarlo para disipar dudas.

Lo primero que debe hacer un afiilado es promocionar los productos estrella de su nicho. Da igual su precio, alto o bajo. Esto es evidente y lo sabe todo el mundo.

Una vez superada esa etapa, que cualquiera debería tener cubierta en pocas semanas, los afiliados solemos encontrarnos ante una vasta extensión de terreno con, literalmente, decenas de productos "secundarios" que, por supuesto, no podemos acoger de golpe en nuestra web. Hay que seguir algún orden.

Yo lo tengo claro: **a igualdad de promoción, el grueso de los ingresos proviene siempre de los productos más caros**. Y esto es algo que debes tener en cuenta incluso antes de lanzar la web: durante el proceso de selección de tu nicho. Si tu nicho se compone solo de productos baratos, tu potencial de ingresos va a ser bajo. Para obtener grandes resultados, hay que pensar en grande, y actuar en grande.

Bola Extra: en el programa de afiilados de Amazon España, la estructura de comisiones tiene valores fijos que no dependen del número de ventas cerradas. En otros programas, como el de Estados Unidos, el porcentaje de comisión sube en función del número de productos que consigamos vender. En este escenario, la venta de muchos productos de bajo coste sí puede tener un gran impacto en nuestro montante final de ingresos.

Para inclinar la balanza sobre este tema hay un factor que influye notablemente, y que ya hemos tratado en uno de los primeros apartados de esta obra: el tiempo.

Si tu negocio de afiliación es serio y tiene cimientos sólidos, una reseña es una potencial fuente de ingresos que siembras un día en Internet y cosechas durante años. A lo mejor cosechas una venta cada X meses, pero si esa venta es poderosa, al final la reseña te saldrá rentable. Piensa en el largo plazo.

A mí me puede interesar "hacer una apuesta" y dedicar un par de horas a elaborar un mega-artículo sobre un producto muy caro. Si posiciona bien, o incluso si no posiciona bien pero suena la flauta y alguna vez alguien lo compra... con una sola venta ya he amortizado ese tiempo.

Con un producto que me va a dar, pongamos, 50 céntimos por venta... pues ni me planteo esa cuestión.

Aunque hay excepciones, como vemos en el siguiente punto:

58. ... PERO NO DESCARTAR PRODUCTOS PORQUE SEAN MUY BARATOS

Lo normal es que la mayor parte de tus ingresos provenga de los productos más caros, pero no subestimes el poder de los productos de 5, 10 o 20 euros. Quizá no te den un gran beneficio directo, en forma de comisiones, pero sus reseñas pueden actuar como absorbentes embudos de tráfico que tú, de manera astuta, puedes dirigir hacia las áreas de mayor conversión de tu portal.

En mi calendario editorial, por norma general, priorizo los productos caros. Pero recomiendo vigilar muy de cerca las listas de productos más vendidos de Amazon, y las herramientas de análisis de keywords (Keyword Planner y demás), para escribir reseñas igual de potentes para productos que sean populares. No productos top, pero sí *suficientemente* populares.

¿Cuánto es "suficientemente"? Pues eso ya debes analizarlo y valorarlo tú en función de tu temática.

Pero no te importe que sean baratos. Piensa en ellos como captadores de tráfico, y no como monetizadores directos.

Recuerda también que Amazon te bonifica cualquier venta que provenga de tu cookie, sea o no sea la del enlace directo del producto. De este modo, muchas ventas de un producto -aunque sea barato- normalmente significarán ventas adicionales de otros productos que no tengan nada que ver con tu web.

El poder de las ventas cruzadas en Amazon es muy grande (ya hemos dicho que Amazon maneja este concepto mejor que nadie...) y te darás cuenta sobre todo en los meses de noviembre y diciembre con la fiebre de los regalos. Raro es el día que no tienes alguna venta de juguetes o videojuegos.

-¿Pero qué dice este tío? ¿al final promociono productos caros o baratos? ¿Los promociono todos? ¿Y para eso hace falta escribir una guía?

Tranquilidad. Entiendo la confusión.

Lo que trato de exponer es que, a pesar de que puedan existir pautas de actuación generales, más o menos válidas en la mayoría de casos (en este ejemplo, yo aconsejo priorizar productos de valor alto), el profesional debe tener siempre una **mente analítica** y no dejarse llevar por caminos preestablecidos, por tutoriales, o porque *alguien te ha dicho algo* o *lo has leído en algún sitio.*

Este negocio es tan amplio y tan complejo que debemos saber extraer conclusiones de cada situación, de manera individidual. Todo puede conllevar implicaciones, y todo puede esconder una oportunidad a la espera de que alguien la aproveche.

59. CONTRASTAR SIEMPRE LA INFORMACIÓN EN LAS WEBS OFICIALES

Dicho así suena un poco duro, pero... **no te fíes siempre de lo que lees en Amazon.**

Las descripciones técnicas de los productos suelen ser escuetas, superficiales, a veces son pobres traducciones literales de otro idioma, se contradicen, e incluso pueden contener errores de bulto. Ten en cuenta que muchas veces son usuarios particulares, que actúan como revendedores, los que introducen dichos datos en las fichas de sus productos en Amazon.

Fusilar las especificaciones técnicas que vemos en las fichas de producto de Amazon, por aquello de ahorrar tiempo, es un error.

Yo me encuentro con informaciones inexactas continuamente. A veces las detectas porque dominas el nicho y lees algún detalle que *te chirría,* pero otras veces no hay otra forma de pillarlas a menos que consultes los datos directamente en la web del fabricante o en el sitio oficial del producto.

Si quieres tener una web confiable, lo mejor será que contrastes la información por tus propios medios.

60. FIJARSE EN LAS RECOMENDACIONES DE AMAZON PARA TUS PRODUCTOS CLAVE

Cuando tu web posea ya cierto recorrido y genere ventas con frecuencia, una de las primeras cosas que debes tener clara es cuáles son tus **productos clave**. Los que más se venden en tu página web. Los que te dejan mayores beneficios.

Cuando los tengas identificados, vete a su ficha de Amazon, baja un poquito en el scroll y fíjate en este apartado:

¿Has leído bien lo que pone? Te lo repito por si acaso:

"Comprados juntos habitualmente"

y sobre todo:

"Los clientes que compraron este producto, también compraron..."

Traducido: Amazon te está diciendo que las personas que compran tu producto clave, <u>también compran</u> otra serie de productos relacionados.

Ya estás tardando en buscar formas de meter los productos de esta lista en tu web. Como sea.

Estas notas y bloques a veces llevan distintos títulos, y varían en función del producto, pero la cuestión es que debes saber observar: Amazon te lo da todo mascadito y solo necesitas interpretar sus señales.

Bola Extra: Fíjate si es importante este bloque de sugerencias para venta cruzada, que en algunas fichas de Amazon lo repiten incluso dos veces. Ejemplo en el momento de escribir este texto: https://www.amazon.es/gp/product/B0015Z57KW/

61. USAR EL COMPARADOR DE PRECIOS

El comparador de precios de Amazon no es que más que un listado donde se recopilan todas las ofertas de distintos vendedores que existen para un mismo producto. Tiene el siguiente aspecto:

* Comparador de precios de Amazon: https://www.amazon.es/gp/offer-listing/B01BKZYOX2

El comparador no es un instrumento demasiado popular entre los afiliados, pero resulta útil a la hora de ofrecer información adicional a tus lectores. Puedes, por ejemplo, asegurarte de que en tu reseña incluyes siempre el enlace a la oferta más baja, o simplemente conocer cuál es el stock de un producto en un momento determinado. Si el stock es bajo, quizá es una buena ocasión para transmitir un poquito de *urgencia* a sus lectores, ¿no crees?

Por cierto, ¿conocías la existencia de este botón denominado *"la oferta más baja para cada uno"*?

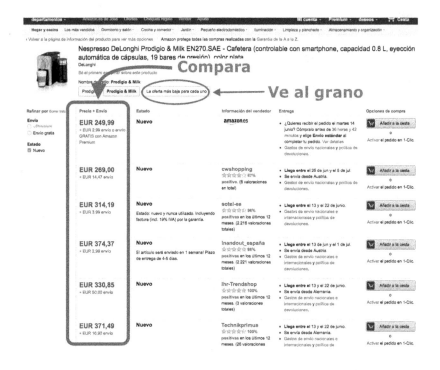

¡Puedes acceder directamente a la oferta más baja para un determinado artículo en cada momento!

Bola Extra: El precio final del artículo no es el que viene resaltado en color rojo y tamaño grande. A ese valor debes sumarle el de los gastos de envío, que Amazon indica justo debajo, pero en gris y con una tipografía diminuta. Muchos vendedores conocen este detalle, y se aprovechan de ello estableciendo un precio base muy barato -que Amazon destaca- y unos gastos de envíos exagerados. Muchos compradores tienen un perfil bajo y suelen picar. Tú eres un afiliado profesional, y no deberías caer en la trampa.

62. UTILIZAR LA BARRA WEB PARA AHORRAR TIEMPO

Muchos afiliados no la usan o ni siquiera saben de su existencia, pero la barra web de Amazon es un instrumento muy útil para ahorrar tiempo a la hora de generar enlaces de afiliado.

Con ella, puedes **crear enlaces con tu ID de afiliado directamente desde la página de Amazon.es,** sin necesidad de estar dentro de la web del programa de afiliados. Dicho de otra forma: puedes obtener de manera directa el enlace del producto que estés viendo mientras navegas. Sin más.

La barra web de Amazon dispone de otras funciones y accesos hacia áreas de información, pero no son del todo relevantes.

63. LAS OFERTAS ESPECIALES DE AMAZON

En algún momento -y lo expreso de esta manera porque no suele ocurrir a iniciativa del afiliado-, si tu cuenta alcanza determinado tamaño o volumen de ventas, Amazon comienza a verte como un aliado de valor. Entonces puede incluirte en su lista de correo interna, te asigna un gestor personal para tu cuenta de afiliado, y te informa regularmente tanto de las mejores ofertas de cada semana, como de las promociones especiales que la compañía pone en marcha en diversos momentos del año.

Amazon segmenta estas ofertas especiales (los *deals* más destacados, en inglés) por temática, y tí te envía solamente las que se ajustan a la categoría principal o alguna de las secundarias de tu sitio web. Es decir, que Amazon no te va a informar sobre ofertas de zapatillas deportivas si tu web trata sobre alimentación.

Las ofertas suelen ser confidenciales, lo que significa que no puedes hacerlas públicas hasta que no se hagan efectivas en la tienda. Amazon lo único que hace es *chivártelas* y avisarte con antelación para que puedas preparar contenidos especiales anunciando estos productos, que normalmente presentan rebajas muy jugosas respecto a su precio habitual.

Y aquí es donde comienza tu trabajo como afiliado.

¿Conviene siempre activar la promoción de estos productos? Pues depende fundamentalmente de tu audiencia, y del enfoque que le hayas dado a tu página. Si la mayoría de tu tráfico es orgánico y está muy segmentando -orientado hacia un perfil de compra muy específico- entonces será complicado que logres *convencerle* para aceptar una determinada oferta por un determinado producto, por muy interesante que esta resulte. En este caso, quizá no te interese invertir tiempo en hacerte eco de estas rebajas.

En cambio, si tienes medios para comunicarte con tus lectores de manera recurrente (no el lector que llega a tu web a través del buscador de Google, sino aquel con quien tú conectas de manera directa... véanse redes sociales, newsletters o portales de *branding*) entonces sí puedes sacar rendimiento de ellas. Puedes, por ejemplo, construir una pequeña *landing page* para una oferta determinada, y promocionarla en todos tus medios el mismo día en que esta se lanza en Amazon.

Lo que casi nunca funciona es la promoción *a puerta fría*. Por muy atractiva que sea una oferta, no conseguirás gran cosa publicando sin más su enlace en cualquiera de tus páginas o artículos. Debes currártelo un poco más.

Bola Extra: En las grandes campañas de ventas, como las Navidades y el Black Friday, la información que Amazon envía a sus afiliados *premium* llega a ser abrumadora. Hablamos literalmente de miles de ofertas, agrupadas en hojas de cálculo y sistemas de consulta por lo general complejos y poco intuitivos. Si estas campañas constituyen un objetivo principal para tu negocio, te aconsejo que las planifiques con antelación. La información que nos da Amazon es muy valiosa, pero procesarla y filtrarla lleva su tiempo.

64. RECOMENDAR SIEMPRE LA MEJOR OFERTA PARA UN PRODUCTO

Ya debes saber que en la tienda de Amazon conviven numerosos vendedores, y que no siempre es Amazon o las grandes firmas quienes venden los productos. También hay revendedores, compañías intermediarias, particulares... cualquiera puede vender algo en Amazon.

Esto resulta en que a veces, para un mismo producto, encontramos a la venta varios artículos, procedentes de vendedores distintos... y que tienen precios distintos.

No sé muy bien por qué, a muchos afiliados les seduce la posibilidad de agrandar sus comisiones, y de todas las opciones posibles para un producto suelen enlazar hacia la que tiene el precio más alto.

Craso error.

La gente no es tonta. Todos los usuarios comparan, buscan, saben si un artículo es caro o no lo es... y si les envían hacia un precio excesivo lo normal es que se den cuenta. Seguirán dando vueltas hasta encontrar otro producto más barato, y eso constituye un riesgo de perder la venta.

Como afiliado, debes comportarte con inteligencia. Sé honesto por encima de todo, y asegúrate de que en tu portal ofreces siempre los artículos más baratos. A la larga resulta más efectivo, y la imagen de tu web quedará reforzada en el imaginario colectivo de los compradores. El comparador de precios, explicado en un apartado anterior, será una gran ayuda para conseguirlo.

Todos buscamos comprar lo más barato posible. **Si quieres vender, dales a tus lectores lo que buscan.**

Bola Extra: Recomendar la oferta más barata para un producto no implica bajarle a propósito el precio, ni tampoco mencionarlo de manera explícita y manual en tu contenido. No puedes decir que un producto vale 20 si su precio real es 30. Para curarse en salud, Amazon considera ilícitas estas prácticas, ya el precio de los artículos varía mucho a lo largo del tiempo.

65. EL TRUCO PARA CONOCER
LOS PRODUCTOS CON DESCUENTO

En algún momento quizá te pueda interesar promocionar a tus lectores productos con descuentos interesantes. Para descubrirlos, solo tienes que hacer lo siguiente:

En primer lugar, fíjate en esta URL de un producto cualquiera. Puedes abrirla en tu navegador para hacer la prueba:

https://www.amazon.es/gp/search/?node=2929017031&tag=AfiliadoEjemplo-21&pct-off=10-99

Fíjate bien en la última parte, señalada en negrita y en color:

https://www.amazon.es/gp/search/?node=2929017031&tag=AfiliadoEjemplo-21**&pct-off=10-99**

Este parámetro *"pct-off"* es un filtro que nos permite ver únicamente los productos que están rebajados en el porcentaje que indica su valor. En el ejemplo que damos, 10-99 significa que estaremos viendo todos los productos rebajados entre un 10% y un 99% de su precio oficial.

Por ejemplo, si quieres ver las zapatillas de running que están rebajadas entre un 25% y un 50%, simplemente tenemos que modificar la URL y acceder a estar dirección:

https://www.amazon.es/gp/search/?node=2929017031&tag=Afilia doEjemplo-21&**pct-off=25-50**

Sencillo, ¿verdad? Pues ahora ya depende de ti el saber sacarle provecho.

V. CÓMO FUNCIONA AMAZON (POR DENTRO)

Un repaso a algunas pautas de comportamiento de la plataforma de afiliación de Amazon. El tipo de cosas que a muchos nos gustaría haber aprendido antes de empezar nuestros negocios.

66. LEER ÍNTEGROS LOS AVISOS DE AMAZON

Las notificaciones de Amazon, sobre todo los avisos de cambios en el programa de afiliados, llegan a tu cuenta de correo de manera muy subrepticia y muy periódica. El aparente caos que reina en el interfaz de su tienda online se contagia también a sus mensajes de correo, que suelen ser extractos gigantescos de textos con una letra algo pequeña y un interlineado, para mi gusto, agobiante.

Como son tan poco amigables, llegan muy de cuando en cuando, y encima suelen llevar todos el mismo asunto en el email, **es fácil pasarlos por alto**, o abrirlos pero no prestarles atención.

Por ejemplo, cada vez que hay un cambio de condiciones en el programa de afiliación te mandan un extracto donde repiten *tooodos* los párrafos que cambian, y *tooodos* los párrafos tal y como estaban antes, para cada programa dentro de la Unión Europea (Francia, Italia, Alemania, Reino Unido y España).

Da igual que el cambio sea sustancial o que se trate de una actualización sin importancia en un par de palabras. Siempre se presentan igual. Igual de poco amigables, en este caso.

En ocasiones, estos cambios afectan directamente a nuestro negocio o a nuestra situación fiscal. Hay que leerlos despacio y asegurarnos de haberlos entendido bien, aunque pensemos que no sirven para nada.

Por citar un ejemplo reciente, el famoso cambio en la estructura de comisiones que afectó al programa de Amazon España no se difundió con la claridad debida, y mucha gente o no se enteró, o se enteró a medias, o lo que es peor: malinterpretó el mensaje.

67. COMPRENDER LA ESTACIONALIDAD DE AMAZON

En mi caso, los ingresos procedentes de Amazon se distribuyen según el siguiente patrón anual:

- 9 meses de rendimiento digamos *normal,* sin diferencias notables entre ellos. Desde febrero hasta octubre, ambos incluidos. Quizá en febrero y en junio puede notarse una muy leve bajada respecto al resto de meses.

- El mes de **noviembre** arroja sobre un 15% o 20% más de ingresos de lo normal, gracias al Black Friday, al Cyber Monday y a la semana posterior. Son días de locura.

- El mes de **diciembre** suele terminar con un 80% o 90% más de ingresos (o sea, casi el doble) que cualquier otro mes.

- El mes de **enero**, merced a la inercia de la campaña navideña y a la campaña de Reyes, suele ser un 50% o un 60% mejor que un mes normal. No llega a ser como diciembre, pero casi. Desconozco si fuera de España ocurre lo mismo: aquí tenemos la ventaja de las fechas de Reyes Magos.

Hasta donde yo sé, este patrón de actividad se repite casi al dedillo en afiliados de similar tamaño (varios centenares de ventas mensuales).

El día con más ventas de todo el año, con muchísima diferencia es el **Black Friday**. El mes con más ventas, con mucha diferencia también, es diciembre. No solo tienes más visitas en tu web, sino que esas visitas llegan más predispuestas a comprar, y la tasa de conversión es mayor de lo habitual.

Debemos estar atentos también a promociones puntuales que Amazon a veces pone en marcha, casi siempre conel objetivo de impulsar las ventas en las épocas menos propicias del año. Por ejemplo, en 2015 hubo una campaña parecida al Black Friday en pleno verano, que nos trajo también pingües beneficios.

¿Por qué es necesario conocer estos picos de rendimiento? Normalmente para preparar a tu audiencia, y para tener tiempo de elaborar campañas de contenido enfocadas a estas fechas. Pero también para estar prevenido en cuanto a servidores y cargas de trabajo de tu web. Que no te pille de sorpresa el primer año que llegues a ellas con un cierto volumen de tráfico.

68. NO TODAS TUS VENTAS SE CONVIERTEN EN INGRESOS

Este es uno de los aspectos más oscuros de Amazon, y que no todo el mundo conoce. Sorprendentemente hay poca o nula documentación sobre el tema, y siempre he tenido la duda de si era un problema exclusivo mío, o era algo generalizado.

Siempre hay un **desfase entre "productos enviados" y "productos comprados"** al final de cada mes. La diferencia entre ambos conceptos es clave: como sabes, tú cobras la comisión no cuando el usuario *compra* el producto, sino cuando Amazon se lo *envía* a su destinatario.

En líneas generales, un 10% del total de productos se pierden. Aparecen como venta en tu panel de afiliado, pero luego ni se envían, ni se cobran, ni se devuelven, ni salen en ningún sitio. Como es natural, este desfase no se aprecia si el volumen de ventas es bajo. Pero puede salir a la luz si evaluamos un período de tiempo amplio.

Como ejemplo, en todo el año pasado (desde el 1 de enero hasta el 31 de diciembre de 2015) mi cuenta registró 2489 productos comprados, y solo 2287 enviados. ¿Dónde están los 202 que faltan?

El tema pasó de ser un misterio sin importancia a generar un mosqueo considerable cuando mi volumen de negocio empezó a crecer. Volvamos al ejemplo de 2015: 200 ventas al cabo del año es un dinerillo, ¿no crees?

Pues bien, la respuesta es la siguiente:

La **diferencia entre productos enviados y productos comprados** durante un período prolongado de tiempo es un sumatorio de:

a. Pedidos con errores de precio: cuando el precio tiene un error del sistema de precios de Amazon, el pedido se cancela y el dinero se devuelve.

b. Pedidos cancelados por los propios usuarios: cuando el cliente cancela su pedido antes de que este se envíe.

c. Pedidos devueltos: recibidos y devueltos por el cliente.

d. Pedidos personales: en el caso de que alguna de vuestras propias compras llevase tag de afiliado.

Esta información no me la estoy inventando yo, sino que procede de uno de los managers de la compañía en España, a quien tuve ocasión de preguntar directamente sobre el tema.

Los puntos clave son los dos primeros, ya que los pedidos devueltos -(c)- sí aparecen en tu panel de afiliado como tales, y por tanto no son ningún misterio. Y los pedidos personales -(d)-... cualquier profesional serio debería tenerlos controlados al máximo.

Este mismo gestor de cuentas también me dijo que mi porcentaje -el 10% que comentaba al principio- estaba en el promedio o incluso un poco por debajo del de otros afiliados de similar tamaño en nuestro país. No es un consuelo; me sigue pareciendo una cifra altísima, pero sirve para confirmar que no se trata de un caso aislado ni mucho menos. Es lo que hay.

Así que no te extrañes si una parte de las ventas de tu programa de afiliados **no se reflejan nunca en las comisiones**.

69. LO QUE CUENTA ES EL PRECIO
DEL PRODUCTO SIN IVA

Esto viene reflejado en las condiciones del programa de afiliados, pero como tantas otras cosas los usuarios solemos pasarlo por alto -no nos gusta leer la letra pequeña- y luego nos llevamos las manos a la cabeza porque un producto de 200€ aparece luego en nuestro panel de comisiones con un valor de 160€.

Con toda seguridad, este detalle llegará a más gente si lo incluimos en esta guía que si esperamos a que lo lean en el Acuerdo Operativo de Amazon.

Recuerda: para calcular el porcentaje de comisión solo cuenta el precio del producto sin el IVA. Tenlo también en cuenta si haces cálculos o estudios previos sobre la viabilidad y rentabilidad de un posible nicho para tu proyecto.

70. EL FORO DE DEBATE DE AMAZON
TIENE RESPUESTAS

La ayuda oficial y los documentos de información para afiliados de Amazon son instrumentos muy genericos, no entran al detalle y no te dan pistas sobre cómo optimizar tus beneficios. En el mejor de los casos, te ayudan a iniciarte en el programa y poco más.

Sin embargo, el foro de debate de afiliados de Amazon sí que alberga información interesante, porque contiene las quejas y las preguntas reales de los usuarios. Como tantos otros, se trata de un enlace casi oculto, que pasa desapercibido entre la multitud de opciones que contiene la web de Amazon.

Se trata de una herramienta dirigida sobre todo a principiantes, así que si estás empezando en esto te recomiendo que le eches un vistazo para hacerte una idea más exacta del entorno en que te vas a mover.

Este es el enlace actual del foro de debate de afiliados de Amazon:

• Foro de debate de afiliados de Amazon:

   https://engagedforums.com/discussions/Foro_de_debate_de_Afiliados/am-assoces?rw_useCurrentProtocol=1

71. UTILIZAR LOS ID DE SEGUIMIENTO

Esta es una de las funciones que me gustaría haber aprovechado más y mejor desde que trabajo con la plataforma de Amazon. Mejor dicho, me gustaría haberla empezado a utilizar antes.

Amazon te permite crear hasta 100 IDs de seguimiento, que no son más que *alias* de tu ID real y único de afiliado.

En tu panel de afiliado de Amazon, puedes ver los informes para toda tu cuenta (que es la opción por defecto), o solo para el ID concreto que quieras.

El uso de los IDs de seguimiento es fun-da-men-tal si haces experimentos o tests. Y si no haces experimentos ni tests, estarás perdiendo un montón oportunidades de optimizar tu rendimiento como afiliado. La ecuación está clara.

Algunos ejemplos de uso de los IDs de seguimiento de Amazon:

- Si tienes varias webs de afiliado, no hace falta que crees una cuenta diferente para cada una. Esto es algo que Amazon restringe mucho, sobre todo para evitar que un afiliado fraudulento pueda seguir actuando tras un baneo. Mejor crea varios IDs y usa cada uno donde lo necesites.

- Tests A/B: si estás empezando, puedes usar enlaces y botones de una determinada manera (colores, ubicaciones) en la reseña de un producto, y de una manera completamente distinta en otro producto distinto. Usa un ID de seguimiento en cada reseña, y así podrás ver cuál te funciona mejor.

- Si por algún extraño motivo quieres usar banners en tu web, o colocar enlaces de afiliado en el sidebar, utiliza un ID de seguimiento para ver cómo rinden respecto a los demás enlaces de tu portal.

- Si escribes un post como invitado en una web de otra persona, y te permiten incluir tus enlaces de afiliado en el contenido, te interesará aplicarles un ID de seguimiento para calibrar a lo largo del tiempo si ese post te ha proporcionado ventas o actividad relevante en tu cuenta.

Bola Extra: Amazon te permite crear muchos IDs de seguimiento, pero no los uses a lo loco. Por dos motivos: 1) Si tienes más de la cuenta, se vuelven en tu contra: monitorizarlos será infernal. 2) Una vez que creas un ID de seguimiento, ya no puedes borrarlo.

72. SE VENDEN MÁS PRODUCTOS
EN LA PRIMERA QUINCENA DE CADA MES QUE EN LA SEGUNDA

Esta es una curiosidad a la que todavía no he sido capaz de sacarle un provecho práctico. Ignoro por qué sucede, así que no puedo dar un motivo concreto. Mi teoría es que debe guardar relación con que la gente cobra a fin de mes, y por tanto en los primeros días del mes siguiente tiene más dinero para hacer las compras. O le da menos cargo de conciencia gastárselo. Muchos consumidores esperan a cobrar su sueldo para darse un capricho o para hacer una compra que tenían aplazada.

En cualquier caso, lo tengo absolutamente comprobado con una muestra ya de casi tres años y muchos miles de productos vendidos. El número de ventas en la primera mitad de cada mes supera a las de la segunda quincena. Entre un 10% y un 15% más.

La excepción siempre es noviembre, porque suma muchísimas ventas en el día del Black Friday y fechas posteriores.

73. SACAR PARTIDO DE LOS INFORMES DE PEDIDOS

Los informes de Amazon, a pesar de ser terribles, sí que pueden resultar útiles a veces para detectar oportunidades de productos con potencial (y también para identificar productos sin potencial).

Observa este cuadro extraído de los *"informes de pedidos"*:

Cocina y Menaje del hogar	Direct-Link conversion	Direct-Link Clicks		All Other Items Ordered	
Saeco Poemia Focus HD8423/11 - Máquina de café espresso manual para café molido y monodosis E.S.E. color negro	N/C	0	0	9	9
DeLonghi ECAM 22.110 B Magnífica S - Cafetera superautomática	1,98%	202	4	2	6
Krups F05400 1B - Kit descalcificación para cafeteras	N/C	0	0	4	4
Bosch / Siemens - Pastillas descalcificadoras (6 unidades)	N/C	0	0	3	3
DeLonghi Essenza EN97 W - Cafetera monodosis Nespresso (19 bares, automática, programable, modo ahorro energía), color blanco	0,74%	136	1	2	3
Krups Milano Black - Cafetera súper-automática, con pantalla de control	5,00%	40	2	1	3
BOSCH PAE TCZ6004 - Accesorio Bosch Tcz6004 Pastillas Limpieza	2,44%	82	2	0	2
Bomann KSW 445 CB - Molinillo de café eléctrico, acero inoxidable, 120 W, color gris y negro	6,67%	15	1	1	2

Conviene fijarse para cada producto en tres columnas (no salen en la foto pero son, de derecha a izquierda, la quinta, la cuarta y la segunda. Les pongo un nombre sobre la imagen para que se entienda mejor):

- **Direct-Link Conversion:** es un porcentaje, y muestra el número de veces que se ha comprado un producto que hemos promocionado <u>directamente</u>.

- **Direct-Link Clicks:** muestra el número de veces que se ha hecho click en un <u>enlace directo</u> de un producto.

- **All Other Items Ordered:** muestra la cantidad de productos que hemos vendido <u>sin que el comprador haya accedido a ellos directamente</u>.

Recalco: es básico entender la diferencia entre productos a los que el comprador accede de manera directa, y los que no.

¿Cómo se interpreta esto? Vamos a explicarlo sobre los datos de la tabla anterior.

Un producto con una alta tasa de conversión significa que mucha gente que pulsa sobre su enlace acaba comprándolo. Este producto tiene un gran potencial y deberíamos promocionarlo más (obtener más *Direct-Links Clicks*) en nuestra web. En el ejemplo los señalo en **azul.**

Un producto con una baja tasa de conversión no parece que merezca la pena nuestro esfuerzo. La gente hace click sobre él (lo promocionamos bien en nuestra web) pero luego por lo que sea no acaba comprándolo. En el ejemplo, el producto señalado en **amarillo** tiene una baja tasa de conversión. 136 pulsaciones, solo 3 ventas. Habrá qué valorar qué hacer con ellos.

Un producto que no tiene *Direct-Link Clicks,* pero que sí tiene ventas, nos está diciendo que la gente lo compra (no sabemos por qué) aunque no acceda directamente a él a través de nuestra web. Es decir: aunque no lo estemos promocionando. La lógica dice que quizá convenga hacerle un hueco en nuestras páginas. En el ejemplo los señalo en **rojo**.

Todo esto hay que cruzarlo con los precios de cada producto, claro… no es lo mismo que los ejemplos sean productos de 1000€ que productos de 10€. Pero creo que se entiende la utilidad de saber interpretar esta clase de informes.

74. ELABORAR TUS PROPIOS INFORMES

Y aquí viene la segunda parte: para hacer un seguimiento completo de mi actividad, los informes del panel de Amazon me resultan insuficientes. Yo al menos necesito más.

Cuando el negocio comenzó a crecer, tuve que ir anotando las ventas y los datos que a mí me interesaban en mis propias hojas de cálculo, porque necesitaba datos cruzados, información, conclusiones… que el panel de Amazon no me ofrece.

Recomiendo hacer esto desde el principio para luego no tener que perder el tiempo en anotar de golpe muchos meses de actividad, como me ocurrió a mí.

Una de las cosas que repito siempre en las encuestas de satisfacción de Amazon es la necesidad de mejorar y ampliar tanto el panel de control como las estadísticas que ofrecen a sus afiilados.

75. LA HERRAMIENTA QUE MÁS DINERO
ME HA HECHO GANAR HASTA LA FECHA

Una hoja de Excel. Ni más ni menos. Enseño una foto, aunque es poco nítida ya que la resolución y el límite de espacio impide distinguir ningún dato:

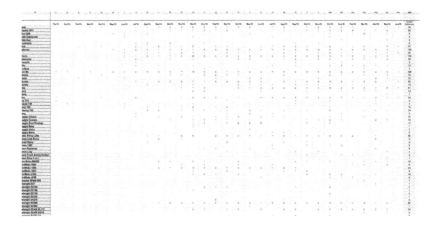

Tengo anotada desde el comienzo de mi actividad cada venta de cada *producto primario* de mi portal. **Producto primario = producto que yo promociono directamente**. Si mi web es de cafeteras, pues anoto las ventas de cafeteras.

Apunto solo las ventas mensuales, ya que hacerlo con mayor frecuencia resultaría en una hoja de tamaño inmanejable. La captura anterior, lógicamente, es un extracto muy reducido de la hoja real, que en el momento de publicar esta obra consta de **7491 celdas**.

La lista de ventajas que me proporciona esta herramienta, sencilla en apariencia, es muy amplia. Por ejemplo:

- En todo momento sé cuáles son mis productos clave: los que más ventas suman en total. No, este es un dato que no puedes ver en los informes de Amazon: recuerda que para un mismo producto puede haber distintos artículos -identificadores- en el catálogo.

- Aíslo mis productos principales (aquellos a los que realmente ataco en mi web) del resto de ventas colaterales. ¿Por qué me interesa aislarlos? Porque son las ventas sobre las que yo realmente tengo control directo, a través de mis contenidos.

- Puedo discernir tendencias. Detecto cuándo un modelo de pronto se deja de vender, o cuándo comienza a venderse más. Así he podido averiguar, por ejemplo, cuándo un determinado producto cambió su ASIN en Amazon, o cuándo desapareció del catálogo.

- En la hoja agrupo los modelos por marcas, así que conozco perfectamente qué marcas me funcionan mejor y qué marcas me funcionan peor.

- Sé que un alto porcentaje de las reseñas que escribo se convierten en ventas. Ejemplo real: en la web de ComprarMiCafetera.com, he vendido hasta este momento 227 modelos de cafeteras distintas. De esas 227 solamente 3 no están en mi web como reseñas. Conclusión: para vender una cafetera tengo que hablar de ella en mi web. Y tengo hechas unas 350 reseñas en total, así que también sé que si hago una reseña de un modelo, a largo plazo hay muchas opciones de que me genere al menos una venta.

- De un vistazo, compruebo que los modelos de determinadas marcas aumentan sus ventas exponencialmente en los meses navideños.

- ... y así infinidad de detalles que se van averiguando con el uso diario, y que serían invisibles si solo me ciñera a los informes de Amazon.

Como consecuencia de los anteriores puntos, la hoja actúa en gran medida como directora de mi planificación editorial, y me orienta sobre qué debo escribir más y sobre qué debo escribir menos en el futuro. Sí, ¡es como tener **un asistente editorial que no te cuesta dinero**!

Hay que saber interpretarla, pero... de verdad, es muy muy potente.

Estoy convencido de que sin esta herramienta mi web no generaría ni la mitad de ingresos que genera actualmente. Y recomiendo a todo el mundo que utilice una del mismo estilo, cuanto antes mejor. Excel es tu amigo. Si conocimientos avanzados en el manejo de hojas de cálculo -filtros, vistas, formulaciones, diagramas- miel sobre hojuelas.

76. LOS PRODUCTOS DEVUELTOS NO APARECEN EN TU INFORME EL MISMO DÍA DE LA DEVOLUCIÓN

Como afiliado de Amazon, ya sabrás que los usuarios pueden devolver los artículos comprados. Si obtuviste una comisión por esa venta, Amazon te la quita. Es lógico, ¿verdad? De no hacerlo así, la política de devoluciones les estaría costando muchísimo dinero.

Las devoluciones, por fortuna, no son muy frecuentes, pero conviene que conozcas el proceso para no caer en confusión cuando suceda alguna en tu cuenta.

Cuando Amazon, por devolución, te descuenta una comisión previamente concedida, el descuento no aparece en tu informe el día de la devolución, sino que **aparece con carácter retroactivo en el informe de ingresos del día en que se vendió el producto**.

Y como los afiliados normalmente miramos el estado de nuestras cuentas día a día, muchas veces no percibimos esta resta.

- Sé que puede parecer enrevesado, así que veamos un ejemplo para comprenderlo mejor:

- Un lector compra un producto el día 1 de junio. Tú, como afiliado, te llevas 10 euros de comisión que se suman a tu cuenta.

- En tu informe de ingresos aparecen a tu favor los 10 euros de comisión el día 2 de junio, y te despreocupas.

- Luego resulta que el usuario recibe ese producto, por lo que sea no le convence, y lo devuelve el día 6 de junio.

Pues bien:

Los 10€ de comisión, que Amazon te retira, no aparecerán restados en tu informe del día 6 de junio (fecha de devolución), sino **de manera retroactiva** en tu informe de ingresos del día 2 de junio (fecha en que está registrada esa venta).

Así que, si no consultas los informes con cierta perspectiva, es fácil no enterarse de que algunas de tus comisiones te las han retirado por devoluciones de los usuarios.

mazon.es	EUR 142,98	5,00%	1	EUR 142,98	EUR 7,1	Es
mazon.es	EUR 110,74	5,00%	-1	EUR -110,74	EUR -5,54	Es
Tercero	EUR 36,95	5,01%	1	EUR 36,95	EUR 1,85	Es
Tercero	EUR 50,83	5,00%	1	EUR 50,83	EUR 2,54	Es
mazon.es	EUR 609,78	5,00%	1	EUR 609,78	EUR 30,49	Es
mazon.es	EUR 43,28	4,99%	-1	EUR -43,28	EUR -2,16	Es
mazon.es	EUR 73,55	5,00%	1	EUR 73,55	EUR 3,68	Es
Tercero	EUR 29,70	5,02%	1	EUR 29,70	EUR 1,49	
Tercero	EUR 12,99	5,00%	1	EUR 12,99	EUR 0,65	Es
Tercero	EUR 24,90	5,02%	1	EUR 24,90	EUR 1,25	Es
Tercero	EUR 29,50	5,02%	1	EUR 29,50	EUR 1,48	Es
mazon.es	EUR 137,05	5,00%	-1	EUR -137,05	EUR -6,85	Es
mazon.es	EUR 33,17	5,00%	1	EUR 33,17	EUR 1,66	
mazon.es	EUR 53,31	5,01%	1	EUR 53,31	EUR 2,67	Es
Tercero	EUR 53.64	5.00%	1	EUR 53.64	EUR 2.68	

77. BORRAR LAS COOKIES ANTES DE COMPRAR EN AMAZON

¿Para qué? Muy simple: para evitar el riesgo de que dichas compras se efectúen bajo tu propia sesión de afiliado, y Amazon lo tome como un intento de lucrarte con tus propias comisiones (algo expresamente prohibido en los términos de su Acuerdo Operativo).

Si trabajas como afiliado de Amazon, es muy probable que en tu equipo tengas constantemente una cookie o sesión con tu ID de afiliado, producto de haber estado testeando y entrando multitud de veces en tus propios enlaces para probar que funcionan bien. Todas las compras que hagas desde ese equipo se computarán entonces a tu cuenta de afiliado.

Mi experiencia es que no tienes nada que temer, si no lo haces adrede y ocurre con poca frecuencia. Lo normal es que te resten las comisiones que te han sumado por error, y ya está. Pero mejor no tentar a la suerte: no cuesta nada borrar todas las cookies de tu navegador antes de efectuar alguna compra como cliente en Amazon.

78. REVISAR CON FRECUENCIA LA LISTA DE PRODUCTOS EXCLUIDOS

Más de uno habrá puesto los ojos como platos al leer este título. Pues sí, Amazon tiene una **lista de productos excluidos**, que no entran dentro de su programa de afiliación en la Unión Europea.

Muchos afiliados ni siquiera saben que existe esta página:

* Lista de productos excluidos de Amazon:
  https://afiliados.amazon.es/gp/associates/help/
  t36es?rw_useCurrentProtocol=1

Lo peor no es ya desconocerla, sino que la lista se va actualizando y cambia de manera periódica. En ella se pueden incluir desde cierto tipo de servicios, hasta ASINs de artículos concretos.

Revísala de vez en cuando, y asegúrate de que no entra en la lista ninguno de los productos que tú promociones.

Bola Extra: un paso obligatorio y que NADIE hace correctamente es repasar la lista de productos excluidos de Amazon <u>antes</u> de elegir el nicho en el que vamos a trabajar.

VI. CONOCIMIENTO Y HERRAMIENTAS

Un resumen de conceptos, disciplinas y herramientas adicionales cuyo conocimiento resulta útil en tu labor como afiliado. Todas recomendables, pero algunas absolutamente obligatorias. Nadie dijo que ser afiliado fuera sencillo.

79. UTILIZAR UN TEMA OPTIMIZADO PARA CONVERSIÓN DE AFILIADOS

Asumimos que estamos hablando de webs bajo Wordpress, claro está.

Ten claro que miles de personas han hecho esto antes que tú, han pasado por los mismos errores que tú, y han tenido las mismas ideas que tú. Ya está casi todo inventado. Allí donde te sea posible, aprovéchate del trabajo que ya han hecho otros: utiliza una plantilla que haga todo el trabajo sucio de conversión, y que esté realmente optimizada para el marketing de afiliación.

Estos temas han sido construidos por profesionales de la afiliación, después de testear muchas otras plantillas y adaptarlas a sus intereses. Han sido probados, re-probados y modificados decenas de veces. No suelen dejar ningún detalle al azar. Tienen los elementos dispuestos de la manera correcta para que la tasa de conversión del sitio web sea la mayor posible. Te ofrecen posibilidades de categorización y menús pensados para sites de afiliados. Incluyen un montón de extras que no tienen sentido en una plantilla de propósito general.

En mi caso utilizo Ultimate Azon Theme (puedes encontrar su enlace al final de la guía, en la lista de recursos), pero hay muchos otros temas para afiliado muy interesantes.

¿Has visto esas tablitas tan chulas, esos módulos con estrellitas o esa herramienta comparativa automática? ¿Esas pijadas que les encantan a los compradores y que todo el mundo pregunta *"¿Qué plugin usas para..."*? Síiii... en efecto, ya vienen incluidas de serie en una plantilla como esta.

En el caso de Ultimate Azon Theme (UAT), que es el que yo uso, algunos lectores pueden pensar que peca de simple, que el interfaz puede dar un aire ligeramente anticuado (aunque luego se puede personalizar la apariencia casi al 100%, pero poca gente invierte tiempo en esto), que si patatín, que si patatán...

Ya.

Pero la realidad es que convierten mejor que cualquier otro, porque están hechos para eso. Lo demás son pamplinas que importan poco.

No es lo mismo usar un color que usar otro. No es lo mismo que el botón de llamada a la acción esté en un sitio que en otro. No es lo mismo que en un primer vistazo aparezcan por encima del pliegue unos elementos, o que aparezcan otros. Y así podría seguir con decenas de detalles.

Ultimate Azon Theme (UAT) tiene incluso un módulo propio para poder monetizar las ventas desde diversos programas de afiliados de Amazon (esto se llama geolocalización, y es imprescindible si tienes tráfico relevante desde otros países).

Yo mejoré la tasa de conversión de mi portal de 0.90-1.00% a un 1.30- 1.35% de un mes para otro, nada más instalar el tema. Anteriormente usaba una plantilla gratis, tuneada por mi. A primera vista puede parecer que pasar de un 1% a un 1.30% de conversión no es gran cosa... pero en realidad es un 30% más de ventas todos los meses.

A partir de cierto nivel, un 30% de mejora es... mucho no, muchísimo. Estoy hablando de un portal que ya tenía recorrido y cierto volumen de ventas. Es decir: el mismo contenido pasó de un mes a otro a convertir un 30% mejor.

Utilizar una plantilla optimizada para afiliación te otorga una ventaja competitiva importante sobre tus competidores.

80. VIGILAR TU TRÁFICO DESDE MÓVILES

Cuando empieces a tener una cantidad de tráfico decente (dejémoslo en *no residual*), hay muchas posibilidades que la mayoría de tus visitas te lean desde un dispositivo móvil. Mayoría = más del 50%. Eso son muchísimos lectores y muchísimas ventas al cabo del año.

Pero claro, nosotros cuando trabajamos normalmente lo hacemos desde un equipo de escritorio, y con una pantalla bastante grande.

Si no eres un experto en marketing online, quizás se te escape este detalle, de modo que...

No dejes de vigilar cómo se ve tu web desde un móvil.

Los contenidos, la publicidad, los botones de afiliado, las imágenes... en un diseño responsivo quizá no se vean como tú crees que se están viendo.

Y muchas de tus ventas las puedes estar perdiendo por el camino.

- Lección uno: utiliza una plantilla con diseño responsivo (esto es obligatorio y debería saberlo todo el mundo, pero no está de más recordarlo).

- Lección dos: asegúrate de que controlas perfectamente cómo se ven tus contenidos y cómo funcionan tus embudos de afiliación tanto en desktop como en mobile. Y quizá no por este orden.

81. FORMARSE EN ESCRITURA PERSUASIVA
(VULGO COPYWRITING)

Si quieres ganar dinero a través de tus contenidos, tienes dos opciones: o eres un experto en escritura persuasiva, o trabajas con uno del gremio. Si decides subcontratar la edición de contenidos, asegúrate de que quien te escriba los textos sea un profesional de la materia.

Sin dominar la escritura persuasiva no llegarás a nada en el marketing de afiliación. Lo siento.

Hay que saber comunicar, hay hacerlo con agilidad, y hay que saber conectar con el lector. Pero no con *cualquier* lector, sino *con el lector que a ti te interesa* conectar.

Y sí, esto también tiene mucho que ver con el SEO.

Bola Extra: Recomiendo el Manual completo de copywriting web en español, de Rosa Morel. La publicación de referencia sobre este tema en habla hispana. No hay más que decir.

82. CONOCER LOS FACTORES DE ESCALABILIDAD DE TU NEGOCIO

La escalabilidad es una de las cualidades más atractivas de los negocios online en general, y del marketing de afiliación en particular. La posibilidad de doblar, triplicar, cuadruplicar tus ingresos sin límite aparente, y dedicando siempre la misma cantidad de recursos... es algo que atrae a cualquiera. Pero, para conseguir la ansiada escalabilidad, primero debemos comprender cómo funciona y qué factores la impulsan. Los ingresos no van a crecer mágicamente, eso tenlo por seguro.

Si estás empezando en este tipo de negocios, es importante que comprendas y que domines cuanto antes los mecanismos que gobiernan tus canales de ingresos. Debes conocer cómo funcionan, y cómo pueden crecer.

En el marketing de afiliación tienes básicamente dos formas de aumentar tus ingresos:

- **Aumentar tu audiencia.** En nuestro caso, por ejemplo, aumentar el tráfico de la página web. También puede ser aumentar el número de personas que te sigan en redes sociales, o aumentar el tamaño de tu lista de correo. Para que cualquier negocio online funcione, es necesario llegar a la gente, con independencia del canal que utilices para ello.

- **Aumentar la tasa de conversión.** O sea, el número de clics en tus enlaces de afiliado que obtienes por cada visita, y el número de ventas que luego se generan a partir de esos clics. Además de llegar a mucha gente, es necesario saber conectar con las personas adecuadas: las que tengan más interés en los servicios o productos que tú ofreces como afiliado.

¿Cómo deben funcionar estas dos variables? Pues en orden. El primer objetivo debe ser optimizar la tasa de conversión. Este es un valor porcentual que, por mucho que lo optimices, tiene un techo práctico. Es decir: jamás vas a conseguir que el 100% de tus visitas pulse en algún enlace, ni que el 100% de tus enlaces sean compras. Siempre hay un límite. Cuanto antes lo alcances, mejor.

¿Qué te ayuda a mejorar la tasa de conversión? Fundamentalmente, las **técnicas de CRO**. *Conversion Rate Optimization.*

En última instancia, yo recomiendo fijarse siempre en los *ingresos por cada mil visitas*. Debes saber lo que ingresas por cada visita que llega a tu web. Esta métrica no depende siempre de la tasa de conversión -pueden influir en ella otras variables, como el precio de los productos que promocionas- pero es una buena manera de abstraer o separar el rendimiento de nuestra web de la cantidad de tráfico que tenemos.

Una vez que tengas la tasa de conversión suficientemente optimizada, debes centrar tus esfuerzos en conseguir el mayor tráfico posible (la mayor audiencia para tus contenidos). **El techo práctico de la cantidad de visitas que puedes obtener es mucho más alto que el de la tasa de conversión**. Esta variable es la que te permitirá escalar con mayor facilidad tu negocio, una vez que ya hayas optimizado tu tasa de conversión. A igual tasa de conversión, los ingresos van a crecer en la medida en que lo haga tu tráfico. Con 2000 visitas tendrás el doble de ingresos que con 1000. Y con 10000 visitas tendrás cinco veces más ingresos que con 2000. Y así hasta donde llegues. Por eso es importante seguir el orden correcto y afianzar tu tasa de conversión antes de gastar recursos o tiempo tratando de llegar a más audiencia.

¿Qué te ayuda a conseguir más audiencia? Existen muchas vías, pero si hablamos de tráfico web debemos quedarnos fundamentalmente con el **SEO.**

De cada una de estas siglas, CRO y SEO, hablamos en los dos apartados siguientes.

83. PRACTICAR CRO CON INTELIGENCIA

Sí, CRO. *Conversion Rate Optimization*. Gran parte de tu éxito reposa sobre estas siglas.

En una web de afiliados, considero que la tasa de conversión es el segundo objetivo más importante. Tu meta es que la mayor cantidad posible de tus lectores termine pinchando en uno de tus preciados enlaces. ¿He dicho el *segundo objetivo*? Sí, porque el primero sigue siendo captar al usuario adecuado. Si no sabes qué tipo de usuario está llegando a tu web, la tasa de conversión no te sirve para nada.

La CRO es un concepto más bien abstracto. Podemos denominarlo como un conjunto abierto de estrategias y acciones, encaminadas a que un usuario cumpla con el objetivo que tú quieres para su visita. En nuestro caso, como afiilados, el objetivo es que pulsen en los enlaces y que acaben cerrando una compra.

Procura optimizar tu tasa de conversión cuanto antes. Yo no lo veo de manera estricta como un proceso de *mejora contínua*... pero casi. Haz todas las pruebas necesarias, estudia, lee, fórmate, haz cursos especializados... lo que necesites. **Tu primer objetivo debe ser amplificar la tasa de conversión**.

Cuando la tengas totalmente afinada, o muy cerca del nivel que consideres óptimo, entonces ya podrás preocuparte de conseguir más lectores, de abarcar más contenidos que los puramente básicos, de embellecer tu diseño, etcétera.

Mucha gente lo hace al revés. Se preocupa del diseño, se preocupa del SEO, se preocupa de traccionar tráfico a mansalva sin saber realmente qué necesidades tienen sus lectores... atiende a mil detalles antes de aprovechar al máximo cada visita que les llega. Así se desperdicia el tiempo. Se olvidan de que son afiliados, y de que deben seguir una serie de prioridades si desean obtener beneficios.

84. EL SEO ES TU ALIADO... HASTA CIERTO PUNTO

No voy a extenderme con el SEO en esta guía, porque se trata de una disciplina que da para varios libros por sí sola. Simplemente debes ser consciente de que una gran parte del éxito de una página web de afiliados reside no tanto en captar muchas visitas, sino en **saber captar a los usuarios adecuados.**

El SEO y la afiliación son una bomba si se combinan con esmero.

Así que aplícate el cuento de los puntos anteriores, y procura formarte en el SEO que necesites. Al menos en SEO OnPage, o en SEO para contenidos. Todos los contenidos que generes para tu proyecto online deben tener unas bases lógicas para que sean capaces de captar a un determinado tipo de usuario, porque no todos los usuarios que llegan a tu web tienen la misma predisposición a gastarse el dinero.

Nótese el matiz del párrafo anterior: el SEO *que realmente necesites*. Hay muchos *bloggers* que se pierden con esto. Que evaporan la diferencia entre dedicarse a la comunicación, y dedicarse al SEO. El SEO es algo de lo que un *blogger* debe aprovecharse. No es algo que deba necesariamente comprender, ni mucho menos dominar. Eso tenemos que dejárselo a los SEOs profesionales.

Para tener una buena audiencia, lo más importante es escribir y transmitir contenidos. Después, si te puedes permitir optimizarlos un poquito, mejor que mejor. Pero no se llega a ningún sitio sin unos contenidos de calidad. No escribas con la calculadora en la mano ni gastes energías en dominar una disciplina que no es la tuya. SEO sí, pero con los pies en el suelo.

85. LA API DE AMAZON ES UN INFIERNO

Encontrarás múltiples testimonios sobre esto. Yo no la uso, aunque supongo que se le puede sacar partido si se dispone de tiempo y de recursos técnicos para explotarla.

En mi caso, no me otorga más beneficio que poder consultar y ofrecer en tiempo real los precios reales de los productos en la web. Y eso no me interesa demasiado.

Prefiero decir claramente que los precios de Amazon fluctúan, y que la mejor forma de saber el precio es pinchando en el enlace de afiliado y comprobándolo en tiempo real. Me parece mucho más efectivo para la tasa de conversión, que al final es de lo que se trata.

De todas formas, si alguien se decide a usar la API de Amazon con cualquier propósito, que sepa de antemano que debe armarse de paciencia, y también que su uso está regulado por numerosas cláusulas en el Acuerdo Operativo de Amazon.

- Testimonio en bonillaware.com: En las tripas de Amazon - http://www.bonillaware.com/vendedor-afiliado-amazon

86. LAS HERRAMIENTAS AUTOMÁTICAS DE GENERACIÓN DE ENLACES O DE CONTENIDO PARA AFILIADOS

Existen numerosas formas de generar enlaces de Amazon, o fichas de contenido, de manera automática para cualquier sitio web (preferiblemente bajo Wordpress).

Para que nos entendamos, tú le pasas a la herramienta el ASIN (identificador) de cualquier producto de Amazon, que viene a ser un numeraco así: *B04DO28J7Q,* y al momento tienes ya publicada en tu web una ficha de ese artículo, con sus enlaces de afiliado, sus fotos, sus opiniones, sus textos... todo.

Todo en modo automático, como es natural. No esperes encontrarte la prosa de Borges ni los versos de Valle-Inclán en las descripciones de los artículos.

Cómo no, existen diversos casos de éxito utilizando estas herramientas de sincronización automática. Yo no las recomiendo en absoluto, salvo que seas un profesional que sabe lo que hace y que se dedica exclusivamente a este tipo de negocios. Además, algo me dice que tanto Google como Amazon acabarán metiéndoles mano en algún momento (esto es una opinión mía totalmente gratuita sin base alguna, que quede claro).

En cambio, sí puede ser muy interesante que tu web tenga forma de **tienda online**. Una tienda online es un instrumento con un mayor grado de pasividad que una página de contenidos y autoridad (que no solo persigue vender, sino también ofrecer información de calidad)... pero es una opción como cualquier otra.

La forma más sencilla y más popular de crear una tienda online y luego añadir productos a cascoporro es a través del archiconocido WooComerce y su interminable ejército de plugins de pago. Pero insisto... tanto si construyes una tienda online como un sitio web de autoridad, los artículos procura añadirlos y escribirlos tú mismo. No los sincronices de manera automática ni mucho menos generes contenido *spineado* (o refrito, para que nos entendamos en español).

Bola Extra: una técnica fantástica para combinar SEO + Tienda Online + Afiliación es la que explica Romuald Fons aquí:

Turbo SEO Affiliate-Commerce - http://romualdfons.com/ganar-dinero-por-internet-tsa/

87. LA TASA DE CONVERSIÓN DEL 700%

Voy a contar un caso real (fechado en febrero de 2015), más como curiosidad que como recomendación.

He leído historias acerca de países en vías de desarrollo donde Amazon no trabaja ni envía productos, y además determinadas cosas (pongamos por ejemplo, material de electrónica) tienen un precio mucho más elevado de lo normal. Lo que hace la gente de estos países es importar los artículos desde Estados Unidos, mucho más baratos, a través de terceras empresas.

En este escenario operan decenas de compañías de transportes y logística como intermediarias. Estas empresas compran los productos en Amazon (directamente en América) y los distribuyen a sus clientes de estos países (que es lo que Amazon no hace), a cambio de un pequeño importe. Como el coste del producto es mucho más barato en Estados Unidos que en el país destino, el cliente puede permitirse pagar este pequeño suplemento a la empresa intermediaria. La operación le sigue saliendo muy rentable.

OK. Sabiendo esto, y teniendo una cuenta de afiliado en Amazon Associates (Amazon USA), a alguien se le ocurrió un día enviar un email de consulta a una de estas empresas al azar, para preguntar por sus servicios.

Un astuto email del tipo:

" - Hola, ¿cuánto me cobraríais por este producto [enlace de afiliado de Amazon]? Mirad su precio actual y decidme por favor vuestra tarifa. ¡Gracias!"

Estas empresas solo se dedican a esta actividad, y por tanto compran grandes cantidades de productos a diario. El tipo en cuestión pensó que quizás la empresa hiciese sus compras desde el mismo ordenador en que contestan los correos... el mismo PC en el que pones una cookie tuya si consigues que pulsen en el enlace que les has enviado. Hay que tener suerte pero... solo se tarda un minuto en enviar un email.

El resultado:

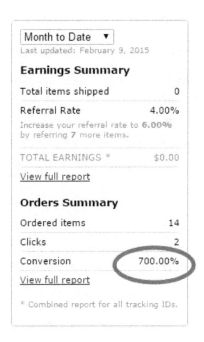

Una tasa de conversión del 700%. El tipo que hizo la prueba tiene solo 2 clicks en su enlace de afiliados... y 14 ventas. Brutal, ¿no crees?

Solo fue un experimento pero la idea es brillante, aunque genera numerosas dudas... ¿merece la pena el riesgo? ¿era simplemente un *bug* del sistema de afiliados de Amazon? ¿siguen funcionando estas empresas (el experimento es de principios de 2015) en estos países?

A nosotros nos pilla lejos, pero bueno... lo cuento para fomentar el pensamiento creativo y darnos cuenta de la infinidad de oportunidades que hay ahí afuera. Intentar mediar con agentes que efectúan compras masivas en Amazon... no suena mal.

Hay que subrayar que, en este ejemplo concreto, la práctica de nuestro usuario no está aprobada por Amazon, ya que se prohíbe de manera explícita insertar enlaces de afiliado en emails (Amazon los considera un soporte de lectura offline). Así que el riesgo de que le pillen está, o estaba, muy presente.

Acerca de la tasa de conversión de los clicks de afiliado, mucha gente se pregunta cuál es el valor óptimo y hasta dónde es viable optimizarlo. Como siempre, en este ratio influyen demasiados factores como para definir una pauta concreta, pero a partir de manera muy genérica podemos afirmar que una tasa de conversión entre el 1.5% y el 2% es buena.

Esto significaría que obtendríamos un promedio de entre 1.5 y 2 ventas de productos por cada 100 veces que se pulsan nuestros enlaces de afiliado.

Esta es solo una de las muchas etapas de optimización comprendidas en la disciplina de la CRO, de la que ya hemos hablado antes. Otras áreas para optimizar son, por ejemplo, el número de clicks de afiliado que obtenemos por cada 1000 visitas de nuestra web, o la *calidad* de dichos clicks (por ejemplo: no es lo mismo practicar una optimización general para toda la web, que optimizar solo las áreas donde hay enlaces de productos más caros).

Yo me muevo habitualmente en torno al 1.60% mensual -en el momento de escribir esta guía- y durante mucho tiempo esa cifra ha estado entre el 1% y el 1.35%. Como podéis imaginar, su optimización es un proceso laborioso y debe de hacerse paso a paso, con numerosos tests y pequeños retoques aquí y allá para intentar *arañar* unas décimas en el promedio final.

88. LAS COOKIES DE AMAZON NO DURAN 24 HORAS

Supongo que este es uno de esos detalles que pueden sorprender a más de uno, porque a veces damos las cosas por sentadas sin haberlas comprobado.

Una cookie de Amazon no dura siempre 24 horas, ni mucho menos 90 días (después hablaremos del conocido truquito, mal llamado de *la cookie de 90 días*). Para comprobarlo, acudamos a la definición de los términos "Sesión" y "Compra Cualificada" reflejados en el Acuerdo Operativo de Amazon.

• Una Cookie, o Sesión, se inicia cuando un cliente pulsa sobre un enlace de afiliado válido, y termina cuando sucede alguna de estas tres cosas:

a. Pasan 24 horas desde su inicio.

b. El cliente hace un pedido de un producto no digital.

c. El cliente activa una cookie de otro afiliado diferente.

Es decir, en el primer caso evidentemente la sesión sí dura 24 horas. Pero en el segundo caso, no. Traducido: para una cookie de afiliado **solamente cuenta el primer pedido que haga el cliente dentro de las primeras 24 horas.** Si por ejemplo hace 3 pedidos distintos dentro de las primeras 24 horas tras la activación de la cookie, solo obtienes comisiones por el primero de ellos. Siempre y cuando sea un producto no digital (la regla no se aplica a ebooks, mp3, descargas de software y demás).

- Una *Compra Cualificada* es una compra por la que tú recibes comisiones, y se activa en cualquiera de estos casos:

    a. Un cliente con tu sesión de afiliado añade un producto a su carrito de la compra, y ordena el envío en un plazo máximo de 89 días.

    b. Un cliente con tu sesión de afiliado compra un producto a través del sistema *1-Click* de Amazon.

    c. Un cliente con tu sesión de afiliado descarga un producto digital o visualiza un stream.

O sea, dentro de una misma *Cookie* activa (sesión) de Amazon, el afiliado referido recibirá las comisiones correspondientes a todas las *Compras Cualificadas* que se hayan registrado.

Para evitar sorpresas, recomiendo a todos los afiliados entender a la perfección los conceptos de *Cookie*, de *Compra Cualificada* y de *Compra Adscrita* en el programa de afiliados de Amazon.

89. EL TRUCO DEL CARRITO
Y LA MAL LLAMADA COOKIE DE 90 DÍAS

Tal y como hemos visto en el apartado anterior, las compras que se añaden al carrito se consideran Compras Adscritas, y podemos obtener la comisión por ellas siempre y cuando el cliente ordene el pedido en los 89 días siguientes a añadirlas.

Hay que dejar claro, antes de nada, que los conceptos de *Compra Adscrita*, *Compra Cualificada* y *Cookie/Sesión* (todos ellos explicados en el anterior apartado) están vigentes para todo el programa de afiliados en cualquier momento. Con o sin plugins, con o sin herramientas externas, con o sin "trucos".

Por este motivo, siempre digo que el nombre de *"cookie de 90 días"* no es del todo exacto, y que puede inducir a confusión a los afiliados principiantes.

La cuestión es que esta funcionalidad del programa de afiliados ha propiciado la aparición de algunos plugins y herramientas que se saltan el proceso natural, y se aprovechan de esta política de *Compras Adscritas*. ¿Cómo lo hacen? Pues enviando directamente a los usuarios al paso donde añaden sus productos al carrito de la compra, en vez de hacerlo a la ficha de producto, como sucede con los enlaces de afiliado convencionales que nos proporciona Amazon.

Los más conocidos son Woozone o Prosociate, pero seguro que hay más. Todos de pago. Se trata de suites de afiliación muy completas y con numerosas funciones, entre las cuales se incluyen detalles como el que comentamos en este punto. Su propósito general suele ser la generación de contenido automático para afiliados -una práctica arriesgada de la que también hemos hablado en apartados anteriores.

Personalmente estos plugins no los uso, no me gustan. No dejan de actuar como "puente" para saltarse de forma antinatural un paso del proceso de compra, y aprovecharse de una cualidad del programa de Amazon que viola el espíritu de las reglas del programa. Demasiado en el límite, para mi gusto. Conozco casos que lo han intentado y les ha ido bien, pero por desconocimiento y por convicciones yo no puedo recomendarlos.

Tengo el convencimiento de que si esto fuera algo 100% efectivo y probado, los usaría todo el mundo de manera extensiva y general. Y lo cierto es que no es así.

A fecha de redactar estas líneas, todavía no he encontrado ningún lugar donde se explique de manera clara y detallada cómo funcionan este tipo de plugins y cómo actúan realmente *por debajo*. La cosa no es ni mucho menos tan sencilla como *"ampliar las cookies a 90 días"*. Las sesiones de afiliado de Amazon, como hemos dicho antes, solo duran como máximo 24 horas, o como mínimo hasta que se haga el primer pedido de un producto no digital. Y esto es algo que no cambia jamás, ni mucho menos lo modifica ningún plugin. Probablemente muchos afiliados no tengan clara la diferencia entre el concepto de cookie (o sesión) y el de compra adscrita, y por eso caen en el lugar común -e inexacto, a mi juicio- de hablar de *"cookies de 90 días"*.

Una cosa es que una Compra Adscrita (producto añadido al carrito) esté vigente durante 89 dias, y otra cosa diferente es que puedan añadirse productos durante 89 días a un mismo carrito y a la hora de hacer el pedido general queramos llevarnos las comisiones de todos ellos. Muy al contrario, en el supuesto de que a un mismo pedido se añadan productos desde distintos IDs de afiliado, Amazon tiene forma de saberlo y solamente te asignará las comisiones que te correspondan por los tuyos.

En fin, que yo le veo más de un claroscuro y no quiero estas prácticas para mi negocio. Pero existir, existen, y hay quien las utiliza con éxito. Algunos testimonios favorables se pueden encontrar en BierzoSEO (http://bierzoseo.com/woozone-afiliados-amazon) y BlackHatworld (http://www.blackhatworld.com/seo/my-experience-with-amazon-wordpress-plugin-woozone.762091/).

EPÍLOGO

Mis 3 Mayores Aciertos como Afiliado de Amazon

Mi web ComprarMiCafetera.com, al principio, era una de tantas de afiliados con beneficios de andar por casa. Si hoy es un caso de éxito que genera de ingresos de cuatro cifras todos los meses, es debido sobre todo a **tres decisiones** que tomé en su momento.

1. Utilizar un tema optimizado para afiliación, como Ultimate Azon Theme.

2. Construir y utilizar mis propias hojas de informes, como complemento a los que me ofrece Amazon, y tomar decisiones a partir de ellas.

3. Ampliar el registro de productos que tenía pensado al principio, y comenzar a promocionar productos de alto valor.

Ni más, ni menos. Si quieres ir al grano y extraer de mi trabajo solo las lecciones más importantes, quédate con estas tres.

Y si quieres saber cuáles son las decisiones más acertadas que tomé antes de iniciar el proyecto, y que acabaron cimentando el éxito del mismo, me quedaría con las siguientes:

1. Utilizar un calendario editorial.

2. Acertar con el nicho de las cafeteras (ni fue el primero ni ha sido el último que probé).

3. Constancia y paciencia: dedicarle a mi negocio un tiempo de trabajo durante 6-7 días a la semana desde el principio.

LISTA DE RECURSOS Y ENLACES DE INTERÉS MENCIONADOS EN EL TEXTO

Todos los enlaces expuestos a continuación están activos y vigentes en el momento de publicar esta obra.

- Requisitos de Participación en el Programa de Afiliados de Amazon EU: https://afiliados.amazon.es/gp/associates/promo/participationesapr2013

- Acuerdo Operativo del Programa de Afiliados de Amazon EU: https://afiliados.amazon.es/gp/associates/agreement

- Políticas y Requisitos para utilizar enlaces de afiliado de Amazon: https://afiliados.amazon.es/gp/associates/promo/linkingrequirementsapr2013

- Foro de debate oficial para afiliados de Amazon: https://engagedforums.com/discussions/Foro_de_debate_de_Afiliados/am-assoces?rw_useCurrentProtocol=1

- Lista de productos excluidos del Acuerdo Operativo de Amazon: https://afiliados.amazon.es/gp/associates/help/t36es?rw_useCurrentProtocol=1

- API de Amazon: https://afiliados.amazon.es/gp/advertising/api/detail/main.html

- Sección Outlet de Amazon: https://www.amazon.com/Outlet/b?ie=UTF8&node=517808

- Sección de Productos Reacondicionados de Amazon: https://www.amazon.com/Outlet/b?ie=UTF8&node=517808

- Comprobador de enlaces de Amazon: https://www.amazon.com/Outlet/b?ie=UTF8&node=517808

- ComprarMiCafetera.com: http://www.comprarmicafetera.com

- Ultimate Azon Theme (UAT): http://www.comprarmicafetera.com/uat

- AffiliateTheme.io: http://affiliatetheme.io

- BierzoSEO: http://www.bierzoseo.com

- Belboon: https://www.belboon.com/

- Tradedoubler: http://www.tradedoubler.com/es/

- Plugin Pretty Link para Wordpress: https://wordpress.org/plugins/pretty-link/

- Ganar Dinero con Turbo Seo Affiliate-Commerce (de Romuald Fons): http://romualdfons.com/ganar-dinero-por-internet-tsa/

- Manual Completo de Copywriting en Español (de Rosa morel): http://rosamorel.com/libro-copywriting-paso-a-paso/